토픽으로 잡는

똑똑한 초등 독해 **5**권

웅진주니어

토픽으로 잡는

똑똑한 초등 독해

독해력은 새로운 정보와 지식을 받아들이는 도구로서 학습 능력을 좌우하는 중요한 능력이에요. 단순히 글자를 읽는 것이 아니라 글에 담긴 글쓴이의 의도를 파악하고, 글을 통해 알게 된 내용을 생활에 활용하는 능력까지 포함해요. 독해력의 바탕은 세 가지예요. 첫째, 어휘력이에요. 어휘는 글의 기본 요소로, 어휘의 뜻을 모르면 글의 내용을 알 수 없어요. 따라서 어휘를 많이 알수록 독해력이 좋아져요. 둘째, 배경지식이에요. 배경지식이 풍부하면 글에 숨겨진 의도와 생각을 짐작할 수 있어, 글을 더 재미있고 효과적으로 읽을 수 있어요. 셋째, 글의 종류에 적합한 읽기 방법이에요. 글의 갈래에 따라 주제를 찾는 방법도 다르기 때문에 갈래마다 알맞은 읽기 방법을 알아야 해요. 「토픽으로 잡는 똑똑한 초등 독해」는 어휘, 배경지식, 갈래에 따른 읽기 방법을 익힐 수 있도록 구성했어요.

이 책의 특징

읽고, 이해하고, 알아 가는 즐거움이 있는 새로운 독해 프로그램!

낱낱의 주제를 가진 지문을 읽고 문제를 푸는 방식에서 벗어나 하나의 토픽을 중심으로 다양한 영역의 지문을 담았습니다. 토픽을 다양한 관점에서 살펴보고, 탐색하는 과정에서 읽고, 이해하고, 알아 가는 즐거움을 느낄 수 있어요.

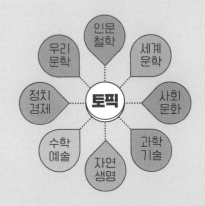

호기심을 자극하는 토픽으로 교과를 넘어 교양까지!

국어, 수학, 사회, 과학 등의 교과와 추천 도서에서 뽑은 인문, 철학, 사회, 문화, 자연, 과학, 수학, 예술 등 여러 영역을 아우르는 토픽을 통해 교과 지식은 물론 폭넓은 교양을 쌓을 수 있어요.

함께 공부할 친구들

하트
자연을 사랑하고
마음이 따뜻한 다정이

부키
항상 책을 끼고 다니며,
정보를 모으는 수집가

뉴뉴
신기하고 새로운 것을
좋아하는 호기심쟁이

스타
세상에서 음악과 친구가
제일 좋은 열정쟁이

드림
세상의 모든 아름다움을
마음에 담고 싶은 예술쟁이

 3

꼬리에 꼬리를 물고 이어지는 글을 읽으며
독해력, 사고력, 표현력을 한 번에!

꼬리 물기 질문을 통해 독해 포인트를 알고 효과적으로 글을
읽을 수 있어요. 또 토픽에 대한 생각을 글로 표현하며 독해
력과 사고력, 표현력을 키울 수 있어요.

 4

글의 종류에 알맞은 핵심 질문을 통해
어떤 글도 자신 있게!

신화, 고전, 명작 등의 문학 글과 설명문, 논설문, 편지, 일기 등
의 비문학 글까지 다양한 형식의 글을 접하고 읽는 즐거움을
경험해요. 여러 형식의 문제를 풀며 어떤 글이든 읽어 내는 자
신감을 키워요.

 5

독해력의 기초인 어휘력을 탄탄하게!

한자어, 합성어, 파생어, 유의어, 반의어, 상·하의어처럼 어휘
관계를 통해 어휘를 익히고, 관용 표현, 맞춤법도 배워요.

이렇게 공부해요!

1단계 흥미로운 토픽으로 생각의 문을 열다!

토픽에 관련한 다양한 질문을 읽으며 배경지식을 활성화하고, 학습 계획을 세워요!

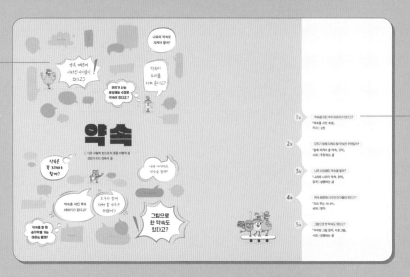

질문을 읽으며 토픽에 대해
알고 있는 것을 떠올려 봐!
아는 것을 많이 떠올릴수록
글을 더 잘 읽을 수 있어!

날마다 읽게 될 글의
갈래와 제목을 살펴보며
공부 계획을 세워 봐!

2단계 질문에 대한 답을 찾으며 생각을 키우다!

읽기 목표에 따라 글을 읽고, 질문을 통해 갈래에 알맞은 읽기 방법을 배워요!

글에서 꼭 살펴야
할 내용이 무엇인지
먼저 보고, 읽기의
목표를 세워 봐!

뜻풀이를 보며 어휘를
맞혀 봐! 초성을 보면
쉽게 답을 찾을 수 있어!

글의 갈래에 따라 꼭
알아야 할 것을 묻는
문제야. 질문에 대한
답을 찾으며 독해력을
키워 봐!

곳곳에 도움을 주는
친구가 있어! 친구가
하는 말을 읽으면 문제가
술술 풀릴 거야!

글의 중심 내용이 무엇인지
생각하며 차근차근 글을 읽어 봐!

3단계 다양한 어휘 활동과 토픽 한 줄 정리로 생각을 넓히다!

독해력의 기초인 어휘력을 탄탄히 다지고, 내 생각을 글로 표현해요!

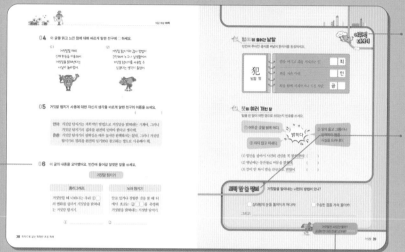

어휘력을 키우는 다양한
활동이 있어. 힌트를 보며
문제를 풀고, 어휘와 뜻을
큰 소리로 읽어 봐!

토픽에 관한 네 생각을
써 봐! 날마다 생각을 쓰는
연습을 하면 표현력도
쑥쑥 자랄 거야!

마지막 문제는
글의 내용을 정리하는
요약하기야. 빈칸을
채워 글을 완성하고,
큰 소리로 읽어 봐!
글의 내용을 기억하는
데 도움이 될 거야!

다음에 이어질 글의 내용을 짐작해 봐! 그리고
내가 짐작한 내용과 실제 글의 내용을 비교해 봐!

4단계 스스로 학습을 점검하며 생각을 다지다!

내가 알고 있는 것과 모르는 것을 구분하는 메타 인지를 훈련해요!

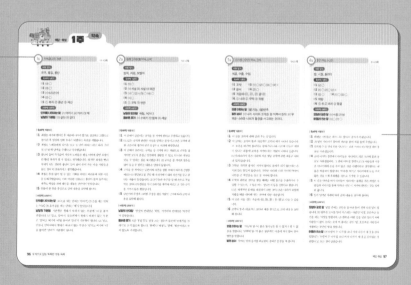

내가 쓴 답과
정답을 비교해 봐!

문제에 대한
자세한 풀이가 있어.
내가 제대로 풀지 못한
문제는 무엇이고,
답이 왜 틀렸는지
생각해 봐!

| 차례 |

3주
소리

4주
신화

메두사와 페르세우스

메두사는 아주 아름다운 여성이었어요. 바다의 신 포세이돈이 메두사를 무척 사랑했어요. 하루는 포세이돈과 메두사가 아테나 여신의 신전에 들어가 즐겁게 놀고 있었어요. 아테나 여신이 그 모습을 보고 불같이 화를 냈어요.

"감히 허락도 없이 들어와 신전을 더럽히다니!"

아테나 여신은 메두사를 흉측한 괴물로 만들어 버렸어요. 아름답던 메두사의 얼굴에는 눈이 툭 튀어나오고 뾰죽한 송곳니가 돋아났어요. 탐스럽던 머리카락은 꿈틀대는 뱀으로 변했어요. 그리고 누구든 메두사를 직접 보면 그 자리에서 돌이 되는 저주가 걸렸어요.

한편 세리포스섬의 왕 폴리데크테스는 페르세우스에게 메두사의 머리를 베어 오라는 명령을 내렸어요. 페르세우스를 눈엣가시로 여긴 왕이 그를 없애기 위해 일부러 위험한 임무를 맡긴 것이었지요.

페르세우스가 메두사를 잡으러 간다는 소식이 전해지자 여러 신들이 그를 도와주었어요. 전령의 신 헤르메스는 날개 달린 신발을 빌려주었고, 죽음의 신 하데스는 모습을 감출 수 있는 투구를 빌려주었어요. 아테나 여신은 거울처럼 모습을 비춰 볼 수 있는 방패를 주며 당부했어요.

"   ㉠   이 방패로 메두사를 비춰 보도록 해라."

페르세우스는 헤르메스의 신발을 신고 메두사가 사는 동굴로 날아갔어요. 방패로 앞을 비춰 보며 나아가다 메두사를 발견하고는 단칼에 목을 베어 버렸어요.

"크악!"

페르세우스는 메두사의 머리를 자루에 담아 폴리데크테스왕에게 갔어요. 그런데 메두사를 직접 본 왕은 그 자리에서 돌로 변하고 말았어요. 그 후 페르세우스는 메두사의 머리를 아테나 여신에게 바쳤어요. 아테나 여신은 그것을 방패의 장식으로 붙였지요. 이때부터 사람들은 아테나 여신을 더욱 두려워하고, 존경하게 되었답니다.

어휘 알기 색칠한 낱말과 초성을 보고 뜻풀이에 알맞은 낱말을 ___에 쓰세요.

| ㅅ | ㅈ | 신의 집으로 만들어진 건축물. |

_____

| ㅈ | ㅈ | 남에게 재앙이나 불행이 일어나도록 빌고 바람. |

_____

| ㅎ | ㅊ | ㅎ | ㄷ | 모습이 매우 험상궂고 괴상함. |

_____

독해력 기르기

01 메두사에 대한 설명으로 알맞으면 ○, 알맞지 않으면 ✕ 하세요.

(1) 원래 아름다운 모습의 여성이었다.   (   )

(2) 바다의 신 포세이돈에게 벌을 받고 괴물이 되었다. (   )

02 괴물로 변한 메두사의 모습으로 알맞은 것에 ○ 하세요.

(1)   (2)   (3)

03 ㉠에 들어갈 내용으로 알맞은 것에 ○ 하세요.

(1) 메두사는 변신을 잘하니   (   )

(2) 메두사는 힘이 아주 세니   (   )

(3) 메두사를 직접 보면 돌로 변하니 (   )

04 이 글의 제목을 이야기의 중심 사건이 드러나게 바꾼 것으로 알맞은 것에 ○ 하세요.

(1) 벌을 받은 메두사   (   )

(2) 돌이 된 폴리데크테스왕   (   )

(3) 메두사를 물리친 페르세우스   (   )

05 이 글을 읽고 이야기의 내용과 인물에 대해 바르게 말한 친구에 ○ 하세요.

(1) 신을 괴롭히고 못살게 군 메두사는 벌을 받아 마땅해.

(2) 폴리데크테스왕은 페르세우스를 없애려다 결국 자신이 돌로 변하고 말았군.

(3) 신들의 도움을 거절하고 혼자 힘으로 메두사를 물리친 페르세우스는 진정한 영웅이야.

06 이 글의 내용을 요약했어요. 빈칸에 들어갈 알맞은 말을 쓰세요.

아름다운 모습의 메두사는 아테나 여신의 벌을 받고 흉측한 ① ☐☐ 로 변했다. 또 누구든 메두사를 직접 보면 ② ☐ 로 변하는 저주가 걸렸다. 폴리데크테스왕이 ③ ☐☐☐☐☐ 에게 메두사의 머리를 베어 오라는 명령을 내렸다. 페르세우스는 아테나 여신을 비롯한 여러 신들의 도움으로 메두사의 머리를 베는 데 성공했다. 메두사를 직접 본 폴리데크테스왕은 돌이 되었고, 페르세우스는 메두사의 머리를 아테나 여신에게 바쳤다.

① _____   ② _____   ③ _____

 ## 이름을 나타내는 말

옛날에 적과 싸울 때 사용한 물건을 보고, 빈칸에 알맞은 말을 쓰세요.

칼

방패

투구

갑옷

(1) ☐

(2) ☐☐

(3) ☐☐

(4) ☐☐

꾸며 주는 말을
쓸 때에는 그 말이
꾸미는 대상에
어울리게 써야 해.

꾸며 주는 말

알맞은 꾸며 주는 말에 ◯ 하세요.

(1) 포세이돈과 메두사는 아테나 여신의 신전에서 (슬프게 , 즐겁게) 놀았다.

(2) 아테나 여신은 아름답던 메두사를 (흉측한 , 예쁜) 괴물로 만들었다.

토픽 한 줄 정리   메두사를 직접 보지 않고 물리치는 방법은?

☐ 선글라스를 쓸래.   ☐ 거울을 이용할래.   ☐ 메두사를 호수로 불러낼래.

☐ _____

 '괴물' 하면 떠오르는 이름이 있어. 그게 뭐냐고?
궁금하면 다음 장을 넘겨 봐! >>>>>

프랑켄슈타인의 탄생

'괴물' 하면 떠오르는 이름이 있습니다. 바로 '프랑켄슈타인'입니다. 프랑켄슈타인은 영국의 작가 메리 셸리가 지은 소설의 제목이면서 등장인물의 이름이기도 합니다. 프랑켄슈타인은 어떻게 괴물을 상징하는 이름이 되었을까요?

1816년 여름, 메리 셸리는 친구들과 스위스 여행을 하던 중 한 시인의 집에 초대를 받았습니다. 시인은 메리와 친구들에게 재미로 무서운 이야기 짓기를 하자고 제안했고, 각자 이야기를 지어 들려주었습니다. 하지만 메리는 이야깃거리를 찾지 못해 고민에 빠졌습니다.

며칠 뒤, 메리는 이야기 내용을 생각하며 잠이 들었다 악몽을 꾸었습니다. 과학자가 끔찍한 괴물을 만들고, 공포에 떠는 꿈이었지요. 메리는 이것을 바탕으로 이야기를 지었습니다. 젊은 과학자가 인체 조직을 이용해 사람처럼 생긴 생명체를 만들면서 일어나는 사건을 그린 내용이었지요. 이 이야기는 몇 년 후 『프랑켄슈타인』이란 제목의 소설로 출간되어 큰 인기를 끌었고 이후 영화로도 만들어져 더욱 유명해졌습니다.

그런데 재미있는 점은 많은 사람들이 프랑켄슈타인을 괴물로 알고 있다는 것입니다. 사실 프랑켄슈타인은 괴물을 만든 과학자의 이름입니다. 소설에서 괴물은 그냥 괴물로 불렀지요. 그런데 시간이 지날수록 사람들은 프랑켄슈타인을 괴물로 기억했고, '프랑켄슈타인' 하면 괴물을 떠올리게 되었답니다.

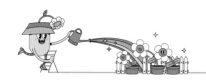
어휘 알기 색칠한 낱말과 초성을 보고 뜻풀이에 알맞은 낱말을 ___에 쓰세요.

| ㄱ | ㅍ | 두렵고 무서움.

_____

| ㅊ | ㄱ | 책이나 그림 등을 인쇄하여 세상에
내놓음.

_____

| ㅈ | ㅇ | ㅎ | ㄷ | 안이나 의견으로 내놓다.

_____

독해력 기르기

01 이 글은 무엇에 대해 쓴 글인가요? (   )

① 메리 셸리는 어떤 작가일까?
② 소설 『프랑켄슈타인』은 어떤 내용일까?
③ 소설 『프랑켄슈타인』과 영화는 어떻게 다를까?
④ 괴물이 주인공인 이야기에는 어떤 것이 있을까?
⑤ 프랑켄슈타인은 어떻게 괴물을 상징하는 이름이 되었을까?

02 이 글의 내용으로 알맞으면 ○, 알맞지 않으면 ✕ 하세요.

(1) 프랑켄슈타인은 괴물을 상징하는 말로 유명하다.   (   )
(2) 프랑켄슈타인은 메리 셸리가 쓴 소설 제목이자 등장인물 이름이다. (   )
(3) 메리 셸리는 책에서 읽은 괴물 이야기를 바탕으로 이야기를 지었다. (   )

03 메리 셸리가 지은 이야기에 대해 바르게 말한 것에 ○ 하세요.

(1)
> 과학자가 인체 조직을
> 이용해 사람 모습의
> 생명체를 만드는 내용이다.

(2)
> 괴물을 물리치는
> 용감한 영웅에
> 관한 이야기이다.

04 이 글을 읽고 알게 된 점이나 생각한 점으로 알맞지 <u>않은</u> 내용을 말한 친구의 이름을 쓰세요. (   )

> **수아:** 메리 셸리는 스위스 여행을 가서 이야기를 지었구나. 여행이 글을 쓰는 데 도움이 된다는 걸 알게 되었어.
>
> **영민:** 소설『프랑켄슈타인』은 과학자가 만든 괴물 이야기구나. 괴물로 인해 어떤 사건이 펼쳐지는지 궁금해.
>
> **하진:** 소설에서 과학자 이름이었던 '프랑켄슈타인'이 괴물로 기억되어 괴물을 상징하는 이름이 되었다는 사실이 흥미로웠어.

05 이 글의 내용을 요약했어요. 빈칸에 들어갈 알맞은 말을 쓰세요.

> 프랑켄슈타인은 영국의 작가 메리 셸리가 지은 소설 제목이자 등장인물 이름이다. 메리 셸리는 ①◻에서 과학자가 괴물을 만들고 공포에 떠는 모습을 보고 이야기를 지었는데, 이후 이 이야기를 『프랑켄슈타인』이란 제목의 소설로 펴냈다. 소설 속에서 프랑켄슈타인은 ②◻◻◻의 이름이지만 많은 사람들이 프랑켄슈타인을 괴물로 기억하면서 프랑켄슈타인은 ③◻◻을 상징하는 이름이 되었다.

① _____   ② _____   ③ _____

악(惡)이 들어간 낱말

빈칸에 알맞은 글자를 써넣어 한자어를 완성하세요.

惡
나쁠 악

➕

행할 행(行) 마귀 마(魔)
꿈 몽(夢) 사람 인(人)

악 ☐	악 ☐	악 ☐
불길하고 무서운 꿈.	나쁜 귀신.	악하고 독한 행동.

모양이 같은 말

밑줄 친 낱말의 뜻을 찾아 선으로 이으세요.

(1) 급히 돈을 꾸다. •

• (가) 꿈을 보다.

(2) 무서운 꿈을 꾸다. •

• (나) 도로 갚기로 하고 남의 것을 얼마 동안 빌려 쓰다.

토픽 한 줄 정리

괴물 이야기의 주인공을 만들어 봐!

괴물 이름 _____

괴물 특징 _____

 어리숙한 괴물이 나오는 이야기가 있어. 궁금하면 다음 장을 넘겨 봐! >>>>>

어리숙한 도깨비

늦은 밤, 집으로 가는 농부의 주머니에서 짤랑짤랑 엽전 소리가 났어. 곡식을 팔고 번 돈이었지.

"이보게, 그 돈 좀 빌려주게."

농부는 뒤돌아보고 깜짝 놀랐어. 험상궂은 얼굴에 몸집이 커다란 도깨비가 따라오고 있었거든. 겁이 난 농부는 주머니에서 얼른 돈을 꺼내 도깨비에게 건넸어. 도깨비는 돈을 꼭 갚겠다고 하고는 어딘가로 사라졌지.

다음 날 저녁, 농부가 방에서 쉬고 있는데 밖에서 누군가 부르는 소리가 났어. 문을 여니 전날 만났던 도깨비가 서 있었어.

"어제 빌린 돈 갚으러 왔네."

농부는 어리둥절했어. 도깨비가 돈을 갚을 거라고는 생각지도 못했거든. 그런데 그 뒤로도 도깨비는 날마다 밤에 찾아와 돈을 주고 갔어. 돈을 갚았다고 아무리 말해도 도깨비는 갚은 적이 없다는 거야. 농부는 그제야 도깨비가 건망증이 심하다는 걸 알았어. 어쨌든 그 덕분에 농부는 부자가 되었어. 도깨비와는 친구가 되어 편안하게 이야기를 나누곤 했지. 그런데 가족들은 날마다 찾아오는 도깨비를 무서워하고 싫어했어.

'도깨비에게는 미안하지만 더는 못 오게 해야 할 것 같군.'

농부는 언젠가 도깨비가 붉은 팥죽을 무서워한다고 했던 말이 떠올랐어. 그래서 팥죽을 끓여 집 안 곳곳에 뿌려 두었지.

그날 밤, 어김없이 찾아온 도깨비는 팥죽을 보고는 기겁하며 도망갔어. 화가 난 도깨비는 농부의 논에 돌멩이를 잔뜩 쌓아 두었어. 농부는 한숨이 나왔지만 일부러 큰 소리로 말했어.

"덕분에 농사가 잘되겠어. 거름을 뿌려 놓았으면 쫄딱 망했을 텐데."

그 말을 듣고 도깨비는 돌멩이를 걷어 내고 논에 거름을 잔뜩 뿌려 놓았어. 앙갚음을 했다고 생각한 도깨비는 그길로 떠나 다시는 나타나지 않았단다.

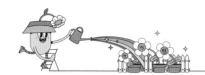
어휘 알기 색칠한 낱말과 초성을 보고 뜻풀이에 알맞은 낱말을 ___에 쓰세요.

| ㅇ | ㄱ | ㅇ | 자기에게 해를 입힌 사람에게 보복함. _____

| ㄱ | ㅁ | ㅈ | 경험한 일이나 어느 시기 동안의 일을 전혀 기억하지 못하는 증상. _____

| ㄱ | ㄱ | ㅎ | ㄷ | 숨이 막힐 듯이 갑작스럽게 겁을 내며 놀라다. _____

독해력 기르기

01 농부가 길을 가다 누구를 만났는지 빈칸에 알맞은 인물을 쓰세요.

☐ ☐ ☐

02 이 글의 내용으로 알맞으면 ◯, 알맞지 않으면 ✕ 하세요.

(1) 농부는 도깨비에게 돈을 빌려주었다.   (   )

(2) 도깨비는 날마다 농부를 찾아와 돈을 갚았다.   (   )

(3) 도깨비 덕분에 부자가 된 농부와 농부 가족은 도깨비를 좋아했다. (   )

03 도깨비가 찾아오는 것을 막기 위해 농부가 한 일로 알맞은 것에 ◯ 하세요.

(1) 집 주변에 높은 울타리를 쳤다.   (   )

(2) 사나운 개를 문 앞에 묶어 두었다.   (   )

(3) 집 안 곳곳에 붉은 팥죽을 뿌려 놓았다. (   )

04 이 글에서 도깨비에 대한 농부의 마음은 어땠는지 각 상황에 어울리는 마음을 찾아 선으로 이으세요.

(1) 도깨비를 처음 만났을 때 • • (가) 미안함

(2) 도깨비와 친구가 되었을 때 • • (나) 편안함

(3) 도깨비를 쫓기로 결심했을 때 • • (다) 무서움

05 이 글에 등장하는 도깨비에 대해 바르게 말한 친구에 ○ 하세요.

(1) 장난치기를 좋아하는 귀여운 도깨비야.

(2) 사람들을 해치는 무시무시한 도깨비야.

(3) 겉모습은 무섭지만 어리숙한 도깨비야.

06 이 글의 내용을 요약했어요. 빈칸에 들어갈 알맞은 말을 쓰세요.

농부가 도깨비에게 ① ☐ 을 빌려주었는데 다음 날 도깨비가 찾아와 돈을 갚았다. ② ☐☐☐ 이 심한 도깨비는 날마다 찾아와 돈을 갚았고 덕분에 농부는 부자가 되었다. 가족들이 도깨비를 무서워하고 싫어하자 농부는 도깨비를 쫓기 위해 도깨비가 싫어하는 붉은 ③ ☐☐ 을 집 안 곳곳에 뿌렸다. 화가 난 도깨비가 앙갚음을 하려 하자 농부는 꾀를 내어 이를 막았다.

① _____ ② _____ ③ _____

성질이나 상태를 나타내는 말

문장에 어울리는 낱말에 ○ 하세요.

> **어리숙하다**
> 겉모습이나 말과 행동이
> 치밀하지 못해 순진하고
> 어리석은 데가 있다.

> **어리둥절하다**
> 무슨 까닭인지
> 잘 몰라서 정신이
> 얼떨떨하다.

(1) (어리숙한 , 어리둥절한) 줄 알았더니 치밀하군.

(2) 도깨비의 엉뚱한 행동에 농부는 (어리숙했다 , 어리둥절했다).

(3) 농담으로 한 말을 그대로 믿다니, 그는 참 (어리숙해 , 어리둥절해).

올바른 표기

밑줄 친 낱말이 바르게 쓰인 문장에 모두 ○ 하세요.

(1) 바닷가에서 둥글고 매끈한 돌멩이를 주웠다. (   )

(2) 도깨비는 농부의 논에 돌맹이를 잔뜩 쌓아 두었다. (   )

(3) 아이들은 강에서 돌멩이로 물수제비를 뜨며 놀았다. (   )

> '돌멩이'를 '돌맹이'로
> 쓰는 경우가 많아. 모음 'ㅔ'와
> 'ㅐ'가 들어간 낱말은 잘못 쓰기
> 쉬우니 정확한 표현을 기억해
> 두도록 해.

토픽 한 줄 정리

도깨비도 성격이 다양해. 어떤 도깨비를 만나고 싶니?

☐ 장난꾸러기 도깨비   ☐ 착한 도깨비   ☐ 무서운 도깨비

도깨비를 만나면 _____

> 괴물 때문에 유명해진 호수가 있다고?
> 궁금하면 다음 장을 넘겨 봐! >>>>>

네스호의 괴물

　최근 영국 스코틀랜드에 있는 호수인 네스호에서 괴물을 보았다는 목격자가 또 나타났다. 영국의 한 신문은 관광객이 물에서 헤엄치는 생명체를 목격했다고 전했다.

　네스호에는 예로부터 괴물이 살고 있다는 전설이 전해진다. 1933년, 영국인 부부가 네스호에서 공룡같이 생긴 생명체를 목격한 사실이 신문에 보도되면서 네스호 괴물이 세상에 알려졌다. 1934년에는 한 의사가 네스호에서 괴물을 목격하고 찍은 사진을 공개해 화제가 되었다. 사진 속 괴물은 목이 긴 공룡과 비슷한 모습이었는데 이를 본 많은 사람들이 네스호에 정말 괴물이 산다고 믿었다. 그러나 이 사진은 조작된 것이라는 논란이 끊이지 않았고, 그 후 사진을 공개했던 의사는 사진 속 괴물은 장난감에 진흙을 붙여 만든 것이라고 고백했다.

　이후에도 네스호에서 괴물을 보았다는 목격담은 끊이지 않았다. 급기야 2003년에는 영국의 한 방송국 탐사팀이 음파 탐지기와 위성 추적 장치를 이용해 네스호 수색에 나섰다. 그러나 그 어디에도 괴물은 없다고 발표했다. 2016년에는 스코틀랜드 수중 탐사대가 나서서 네스호 바닥을 샅샅이 뒤졌지만 괴물을 발견하지 못했다고 덧붙였다.

　네스호에는 정말 괴물이 살고 있을까? 첨단 과학 장비를 활용한 조사에서 네스호에 '　　㉠　　'라고 공식적으로 결론이 났지만 최근까지도 괴물을 보았다는 사람들이 계속 나오고 있다. 이에 네스호 괴물에 대한 논란은 끝나지 않을 것으로 보인다.

▲ 괴물이 살고 있다는 전설이 전해지는 네스호

어휘 알기 색칠한 낱말과 초성을 보고 뜻풀이에 알맞은 낱말을 ___에 쓰세요.

| ㅅ | ㅅ | 구석구석 뒤지어 찾음.

_____

| ㅈ | ㅈ | 어떤 일을 사실인 듯이 꾸며 만듦.

_____

| ㅁ | ㄱ | ㅈ | 어떤 일을 눈으로 직접 본 사람.

_____

독해력 기르기

01 이 글을 쓴 목적으로 알맞은 것에 ○ 하세요.

(1) 네스호의 아름다움을 소개하기 위해서   (   )

(2) 영국의 역사와 문화를 알려 주기 위해서   (   )

(3) 네스호 괴물 논란에 대해 알려 주기 위해서 (   )

02 이 글의 내용으로 알맞으면 ○, 알맞지 않으면 ✕ 하세요.

(1) 네스호는 프랑스에 있는 호수이다.   (   )

(2) 네스호에서 괴물을 보았다는 사람이 최근까지도 나타났다.   (   )

(3) 과학적 장비를 활용해 네스호에서 괴물을 찾는 시도가 있었다.   (   )

(4) 네스호 괴물 목격자라고 한 사람이 가짜 괴물을 만들어 사람들을 속인 일이

있었다.   (   )

03 이 글에서 네스호 괴물 목격자가 말한 괴물의 모습은 어떠한지 빈칸에 알맞은 말을 쓰세요.

| | | 과 비슷한 모습

04 ㉠에 들어갈 내용으로 알맞은 것에 ○ 하세요.

(1) 괴물이 있다. (   )

(2) 괴물은 없다. (   )

(3) 괴물이 있는지 없는지 알 수 없다. (   )

05 이 글에 나타난 글쓴이의 생각으로 알맞은 것은 무엇인가요? (   )

① 네스호에는 괴물이 사는 것이 확실하다.

② 사람들은 더 이상 네스호를 찾지 않을 것이다.

③ 네스호 괴물에 대한 관심은 서서히 사라질 것이다.

④ 네스호 괴물에 대한 논란은 앞으로 계속될 것이다.

⑤ 네스호에 가서 괴물이 있는지 없는지 직접 확인해 보고 싶다.

06 이 글의 내용을 요약했어요. 빈칸에 들어갈 알맞은 말을 쓰세요.

> ①□□□는 영국 스코틀랜드에 있는 호수로 괴물이 산다는 전설이 전해진다. 1933년에 영국인 부부가 이곳에서 공룡같이 생긴 생명체를 보았다는 사실이 보도되면서 네스호 ②□□이 세상에 알려졌다. 이후 네스호에서 괴물을 보았다는 목격자가 꾸준히 나타났고 방송국 탐사팀 등이 나서서 네스호를 수색했지만 네스호에 '괴물은 ③□□.'라고 공식적으로 결론이 났다. 그러나 최근까지도 괴물 목격담이 이어지고 있다.

① _____ ② _____ ③ _____

뜻이 비슷한 말

밑줄 친 말과 바꿔 쓸 수 있는 말을 찾아 선으로 이으세요.

(1) 잘못을 <u>고백하다</u>. •

(2) 호수를 <u>수색하다</u>. •

(3) 괴물을 <u>목격하다</u>. •

(4) 소식을 <u>전하다</u>. •

• (가) 보다

• (나) 뒤지다

• (다) 털어놓다

• (라) 알리다

꾸며 주는 말

빈 곳에 알맞은 꾸며 주는 말을 쓰세요.

꾸며 주는 말을 적절히 넣으면 문장을 구체적이고 생생하게 표현할 수 있어.

| 솔직한 | 샅샅이 | 서서히 | 아름다운 |

(1) 네스호는 _____ 호수이다.

(2) 책상을 _____ 뒤졌지만 카드를 찾지 못했다.

토픽 한 줄 정리

네스호 괴물에 대해 너는 어떻게 생각하니?

☐ 네스호에 괴물이 있어!   ☐ 네스호에 괴물은 없어!

왜냐하면 _____

사람들이 괴물에 끌리는 이유가 뭘까?
궁금하면 다음 장을 넘겨 봐! >>>>>

무섭지만 끌리는 괴물

가 괴물을 떠올리면 어떤 느낌이 드나요? 무섭다, 신기하다, 특이하다 등 다양한 반응이 있을 거예요. 괴물은 영화나 게임 등에 자주 등장하는데 어떤 괴물은 사람들에게 큰 인기를 얻기도 해요. 괴물이 등장하는 콘텐츠가 인기를 끄는 이유는 무엇일까요?

나 ㉠괴물은 사람들의 호기심과 상상력을 자극해요. 괴물은 우리와 모습이 다른 경우가 많아요. ㉡눈이나 팔다리가 여러 개인 괴물도 있고, 날개나 뿔이 달리고 괴상하게 생긴 괴물도 있어요. 게다가 하늘을 날거나 순식간에 사라지기도 하고, 불을 내뿜거나 초능력을 발휘하기도 해요. 평범한 사람은 가지지 못한 능력이지요. 그래서 ㉢사람들은 괴물을 호기심 어린 눈으로 바라보면서 '괴물은 어쩌다 저런 생김새와 능력을 갖게 되었을까?'를 궁금해하고, 그 답을 찾기 위해 상상을 해요.

다 ㉣사람들은 괴물 이야기를 보며 두려움과 즐거움을 동시에 느껴요. 수많은 이야기에서 괴물은 사람들을 괴롭히거나 공포에 떨게 해요. 그래서 ㉤한여름에 공포를 느끼게 해 주는 괴물 영화나 이야기가 인기가 높지요. 하지만 괴물 이야기가 공포감만 주는 것은 아니에요. 왜냐고요? 괴물 이야기에는 괴물을 물리치는 영웅도 있으니까요. 사람들은 영웅이 괴물과 싸울 때 심장이 터질 것처럼 조마조마했다가 마침내 괴물을 물리치는 순간에 마음을 놓으며 짜릿한 즐거움을 느껴요. ㉥마치 무서운 놀이 기구를 탈 때처럼 말이에요.

라 이런 이유로 사람들은 끊임없이 괴물 이야기를 만들고, 그것에 열광하는 거예요.

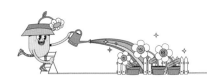

어휘 알기 색칠한 낱말과 초성을 보고 뜻풀이에 알맞은 낱말을 ___에 쓰세요.

| ㅊ | ㄴ | ㄹ | 현대 과학으로는 합리적으로 설명할 수 없는 초자연적인 능력. _____

| ㅂ | ㅎ | ㅎ | ㄷ | 재능, 능력 등을 떨치어 나타내다. _____

| ㄱ | ㅅ | ㅎ | ㄷ | 보통과 달리 괴이하고 이상하다. _____

| ㅇ | ㄱ | ㅎ | ㄷ | 너무 기쁘거나 흥분하여 미친 듯 날뛰다. _____

독해력 기르기

01 이 글은 무엇에 대해 알려 주는 글인가요? (   )

① 괴물의 특별한 능력

② 세계 여러 나라의 괴물

③ 사람들이 괴물을 무서워하는 이유

④ 영화나 게임에 등장하는 괴물의 모습

⑤ 괴물이 등장하는 콘텐츠가 인기 있는 이유

02 괴물이 사람들의 호기심과 상상력을 자극하는 것과 관련 있는 내용에 모두 ○ 하세요.

(1) 괴물은 생김새가 독특하다.   (   )

(2) 괴물은 우리 주변에서 실제로 볼 수 있다.   (   )

(3) 괴물은 사람들이 갖지 못한 놀라운 능력을 갖고 있다. (   )

03 ㉠~㉥ 중 나 문단과 다 문단의 중심 문장에 해당하는 것을 각각 찾아 기호를 쓰세요.

(1) 나 (　　　)　　　(2) 다 (　　　)

중심 문장은 문단의 내용을 대표하는 문장을 말해. 보통 문단의 첫머리에 있는 경우가 많지만 가운데 또는 끝머리에 있기도 해.

04 이 글의 내용과 관련 있는 경험을 말한 것에 ○ 하세요.

(1) <행성 탐험>이라는 영화를 보았어. 과학 기술이 발달한 미래에 사람들이 우주를 탐험하는 이야기야. 주인공이 여러 행성을 탐험하며 겪는 일들이 재미있었고, 미래의 과학 기술을 엿볼 수 있어서 흥미로웠어.

(2) 『땅속 나라 도둑 괴물』 이야기를 읽었어. 괴물에게 잡혀간 신부를 구하러 가는 신랑 이야기야. 신랑이 괴물이 사는 땅속 나라에 갔을 때 붙잡힐까 봐 무척 마음을 졸였는데 괴물을 물리치는 장면에서 엄청 통쾌했어.

05 이 글의 내용을 요약했어요. 빈칸에 들어갈 알맞은 말을 쓰세요.

①□□이 등장하는 콘텐츠가 사람들에게 인기 있는 이유

- 상상력과 ②□□□을 자극한다.
- 두려움과 ③□□□을 동시에 느끼게 해 준다.

① ________　② ________　③ ________

관용 표현

빈칸에 공통으로 들어갈 말을 찾아 ◯ 하세요.

사람들은 영웅이 괴물을 물리치는 순간
◻◻을 놓으며 즐거움을 느낀다.

어머니는 아들이 잘 지낸다는 소식을
듣고 ◻◻을 놓았다.

새끼 고양이가 무사히 구조되는 모습을
보고 ◻◻을 놓았다.

손발
마음
머리
어깨
허리

낱말의 관계

비슷한말에는 =, 반대말에는 ↔ 기호를 쓰세요.

| 무섭다 ◯ 두렵다 | 즐겁다 ◯ 기쁘다 |
| 특이하다 ◯ 독특하다 | 조마조마하다 ◯ 편안하다 |

토픽 한 줄 정리

너는 어떤 종류의 괴물 이야기를 좋아하니?

☐ 무시무시한 괴물 이야기   ☐ 통쾌한 괴물 이야기   ☐ 웃긴 괴물 이야기

왜냐하면 _____

임금님 귀는 당나귀 귀

신라의 경문왕은 왕의 자리에 오른 뒤 귀가 조금씩 길어지더니 당나귀 귀처럼 커졌어요. 이 사실을 아는 사람은 단 한 명, 왕의 두건을 만드는 복두장이뿐이었어요. 복두장이는 왕의 귀를 가릴 두건을 자주 만들어야 했어요.

"내 귀에 관한 일을 누구에게도 말해서는 안 된다."

"예, 죽을 때까지 비밀을 지키겠습니다."

복두장이는 새 두건을 만들어 바칠 때마다 왕에게 약속했어요. 하지만 그는 왕의 비밀을 혼자만 알고 있는 것 때문에 늘 마음이 무겁고 부담스러웠어요.

'혹시 누가 비밀을 알게 되면 어쩌지? 그럼 내가 의심받을 텐데……'

이런 생각을 하자 두렵기까지 했어요. 복두장이는 자신의 처지를 누군가와 의논하고 싶었지만 그럴 수 없어서 답답했어요. 갈수록 비밀이 마음을 짓누르자, 복두장이는 입맛을 잃고 급기야 시름시름 앓게 되었어요.

"이대로는 못 살겠다!"

복두장이는 마을에서 멀리 떨어진 대나무 숲으로 갔어요. 아무도 없는 빽빽한 대나무 사이에서 그는 목청껏 외쳤어요.

"임금님 귀는 당나귀 귀다!"

큰 소리로 외치고 나니 마음이 후련했어요.

"휴, 이제 살 것 같다."

그로부터 몇 년 뒤, 복두장이는 세상을 떠났어요. 그런데 언제부턴가 바람이 불면 대나무 숲에서 '임금님 귀는 당나귀 귀다!' 하는 소리가 울려 퍼졌어요.

이 때문에 백성들 사이에 왕의 귀가 당나귀 귀라는 소문이 퍼졌어요. 화가 난 왕은 대나무를 모두 베고 다른 나무를 심게 했지요. 하지만 그 뒤에도 소리는 사라지지 않고 계속 울려 퍼졌어요.

'임금님 귀는 당나귀 귀다!'

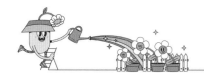

어휘 알기 색칠한 낱말과 초성을 보고 뜻풀이에 알맞은 낱말을 ___에 쓰세요.

| ㄷ | ㄱ | 헝겊 따위로 만들어서 머리에 쓰는 물건을 통틀어 이르는 말. | _____ |

| ㅁ | ㅊ | ㄲ | 있는 힘껏 큰 소리로. | _____ |

| ㅎ | ㄹ | ㅎ | ㄷ | 답답하거나 갑갑하여 언짢던 것이 풀려 마음이 시원하다. | _____ |

독해력 기르기

01 왕의 비밀은 무엇인지 빈칸에 알맞은 말을 쓰세요.

귀가 [ ][ ][ ] 귀처럼 커진 것

02 왕의 비밀을 혼자만 알고 있는 복두장이의 마음으로 알맞지 <u>않은</u> 것은 무엇인가요?

(   )

① 답답함   ② 두려움   ③ 무거움

④ 후련함   ⑤ 부담스러움

03 비밀 때문에 병이 난 복두장이가 한 일에 ○ 하세요.

(1) 아내에게만 몰래 비밀을 털어놓았다.   (   )

(2) 비밀을 적은 종이를 대나무 숲에 묻었다.   (   )

(3) 아무도 없는 대나무 숲에서 큰 소리로 비밀을 외쳤다. (   )

04 이 글을 읽고 복두장이와 비슷한 경험을 떠올려 말한 친구의 이름을 쓰세요.

(   )

아름: 친구가 거짓말을 해서 화가 난 적이 있어.
도훈: 여름에 대나무 숲에 간 적이 있는데 공기가 맑고 무척 시원했어.
민지: 부모님께 말할 수 없는 비밀이 생긴 적이 있는데 그때 마음이 무겁고 답답했어.

05 이 글에 나온 왕에게 해 줄 말로 알맞은 내용을 말한 친구에 ○ 하세요.

(1)
백성들에게
약속한 것을
꼭 지키세요.

(2)
커진 귀를 부끄럽게
여기지 말고 그 귀로 백성들의
이야기를 잘 들어 주세요.

(3)
전쟁을 멈추고
백성들의 어려움을
해결해 주세요.

06 이 글의 내용을 요약했어요. 빈칸에 들어갈 알맞은 말을 쓰세요.

신라의 경문왕은 귀가 당나귀 귀처럼 커졌다. 이 사실을 아는 사람은 왕의 두건을 만드는 ①□□□□뿐이었다. 왕의 ②□□을 혼자만 알고 있다는 부담감에 병이 난 복두장이는 ③□□□ 숲에 가서 "임금님 귀는 당나귀 귀다!"라고 외쳤다. 그 후 바람이 불면 대나무 숲에서 소리가 났고, 왕의 귀가 당나귀 귀라는 소문이 퍼졌다.

① _____   ② _____   ③ _____

말에 대한 속담

빈칸에 알맞은 말을 써넣어 그림에 어울리는 속담을 완성하세요.

새

말

발

쥐

(1) 낮말은 [ ] 가 듣고 밤말은 [ ] 가 듣는다

뜻 아무리 비밀스럽게 한 말이라도 반드시 남의 귀에 들어가게 된다는 말.

(2) [ ] 없는 [ ] 이 천 리 간다

뜻 말은 비록 발이 없지만 천 리 밖까지도 순식간에 퍼진다는 뜻으로 말을 조심해야 함을 이르는 말.

모양이 같은 말

밑줄 친 낱말의 뜻을 찾아 선으로 이으세요.

(1) 동생은 아빠의 팔을 베고 누웠다. ·

· (가) 날이 있는 도구로 무엇을 끊거나 자르거나 가르다.

(2) 왕은 대나무를 베고 다른 나무를 심게 했다. ·

· (나) 누울 때, 베개 따위를 머리 아래에 받치다.

토픽 한 줄 정리 복두장이처럼 대나무 숲에서 말하고 싶은 비밀이 있니?

☐ 있어! 나만 아는 비밀은 _____이야.

☐ 없어! 만약 비밀이 생기면 _____할 거야.

 비밀을 말하고 싶을 때 어떻게 해야 할까?
궁금하면 다음 장을 넘겨 봐! >>>>>

말하고 싶은 비밀

누구에게나 비밀이 하나쯤은 있게 마련이에요. 비밀은 나에 관한 것일 수도 있고 다른 사람에 관한 것일 수도 있지요. 그런데 비밀이 너무 많거나, 혼자 해결하기 힘든 일을 비밀로 간직하게 되면 마음의 건강을 해칠 수 있어요.

미국의 한 대학 연구에 따르면 비밀을 간직하는 일은 부담감과 외로움을 느끼게 하고 행복감을 떨어뜨린다고 해요. 그래서 마음의 건강을 위해 비밀을 적당히 털어놓을 필요가 있다고 해요.

실제로 많은 사람들이 비밀을 털어놓고 싶어 해요. 그래서 가까운 사람들에게는 말할 수 없는 비밀을 익명으로 털어놓으며 ㉠마음의 짐을 덜어요.

2004년, 미국에서는 '비밀 엽서 운동'이 큰 호응을 얻었어요. 자신이 누구인지 숨긴 채 엽서에 비밀을 적어 다른 사람과 공유한 거예요. 이 운동을 통해 많은 사람들이 위로를 받고 마음의 병을 치유했어요.

인터넷 익명 게시판에 비밀을 털어놓는 사람들도 많아요. 이름을 숨기고 글을 써서 올리면 다른 사람들이 읽고 공감해 주거나 의견을 나눠 주어요. 그러면 글쓴이는 혼자가 아니라는 위로를 받지요.

혹시 인터넷 게시판에서 누군가의 비밀을 읽거나 친구가 나에게 비밀을 털어놓는다면 ㉡　그것만으로도 상대방에게 큰 힘이 될 거예요.

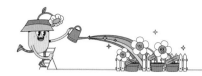

어휘 알기 색칠한 낱말과 초성을 보고 뜻풀이에 알맞은 낱말을 ＿＿에 쓰세요.

| ㅇ | ㅁ | 이름을 숨김. |

＿＿＿＿＿＿＿＿＿＿＿＿

| ㅎ | ㅇ | 부름이나 호소 따위에 대답하거나 응함. |

＿＿＿＿＿＿＿＿＿＿＿＿

| ㅇ | ㄹ | 따뜻한 말이나 행동으로 괴로움을 덜어 주거나 슬픔을 달래 줌. |

＿＿＿＿＿＿＿＿＿＿＿＿

| ㄱ | ㅈ | ㅎ | ㄷ | 생각이나 기억 등을 마음속에 깊이 새겨 두다. |

＿＿＿＿＿＿＿＿＿＿＿＿

독해력 기르기

01 이 글의 내용으로 알맞은 것에 ○ 하세요.

(1) 비밀을 간직하는 것은 나쁜 일이다. 　　　　　　　　　　　(　　)

(2) 비밀이 많아 보이면 다른 사람의 관심을 끌 수 있다. 　　　(　　)

(3) 사람들은 비밀을 털어놓는 것을 싫어한다. 　　　　　　　　(　　)

(4) 비밀이 많거나, 무거운 비밀을 간직하게 되면 마음의 건강을 해칠 수 있다.

(　　)

02 ㉠의 의미로 알맞은 것을 골라 기호를 쓰세요. (　　)

> ㉮ 비밀을 없애다.
> ㉯ 다른 사람과 관계를 끊다.
> ㉰ 걱정, 외로움, 부담감 등에서 벗어나다.

03 '비밀 엽서 운동'에 대한 설명으로 알맞으면 ○, 알맞지 않으면 ✕ 하세요.

(1) 사람들에게 큰 호응을 얻지 못했다. ( )

(2) 익명으로 엽서에 비밀을 적어 다른 사람과 공유하는 것이다. ( )

(3) 사람들이 마음의 병을 치유하는 데 도움이 되었다. ( )

04 ㉡에 들어갈 내용을 바르게 짐작해 말한 친구에 ○ 하세요.

(1) 가만히 공감해 주어요.

(2) 비밀을 함부로 말하면 안 된다고 충고해요.

(3) 남의 일에 관심 없는 척해요.

05 이 글의 내용을 요약했어요. 빈칸에 들어갈 알맞은 말을 쓰세요.

비밀 때문에 마음이 힘들다면 비밀을 적당히 털어놓는 것도 ①◻◻의 건강을 위해 필요하다. 실제로 사람들은 ②◻◻으로 비밀을 털어놓고 위로를 받기도 하는데 미국의 비밀 ③◻◻ 운동이나 인터넷 익명 게시판에 글을 쓰는 것 등이 그러한 예이다.

① _____ ② _____ ③ _____

낱말 퍼즐

가로 풀이와 세로 풀이를 보고, 뜻에 알맞은 말을 빈칸에 쓰세요.

			①치
		❶②	
❷부		감	

가로 풀이

❶ 두 사람 이상이 한 물건을 공동으로 소유함.
❷ 어떠한 의무나 책임을 져야 한다는 느낌.

세로 풀이

① 치료하여 병을 낫게 함.
② 남의 감정이나 의견, 주장 등에 대해 자기도 그렇다고 느낌.

뜻이 여러 개인 말

밑줄 친 말이 어떤 뜻으로 쓰였는지 번호를 쓰세요.

① 속에 든 물건을 모두 내놓다.

털어놓다

② 마음속에 품고 있는 사실을 숨김없이 말하다.

(1) 친구에게 비밀을 <u>털어놓았다</u>. (   )

(2) 바구니를 뒤집어 안에 든 것을 바닥에 <u>털어놓았다</u>. (   )

토픽 한 줄 정리

비밀이 생겨 마음이 답답하다면 어떻게 할래?

☐ 비밀과 관련 없는 사람에게 말할래.　　　☐ 비밀 일기장에 비밀을 적을래.

☐ _____

비밀을 지켜 생명을 구한 사람이 있대.
궁금하면 다음 장을 넘겨 봐! >>>>>

비밀을 지킨 이레나 센들러

1939년, 독일이 폴란드를 침략하면서 제2차 세계 대전이 시작되었어요. 독일은 폴란드에 사는 유대인들을 '게토'라는 구역에 가둬 관리했어요. 당시 폴란드의 수도인 바르샤바 사회 복지국에서 일하던 이레나 센들러는 독일이 유대인을 차별하고 죽이는 것을 범죄라고 생각했어요. 그녀는 게토를 방문할 때마다 독일군 몰래 유대인들에게 음식과 약을 나눠 주었어요.

얼마 뒤 독일이 게토의 유대인들을 강제 수용소로 보내기 시작하자, 이레나는 유대인을 돕는 비밀 단체에 가입했어요.

"게토에서 아이들만이라도 구해 냅시다!"

그녀는 비밀 단체 회원들과 함께 상자나 바구니, 가방 등에 아이들을 숨겨서 탈출시켰어요. 그리고 ⓒ아이들에게 가짜 신분 서류를 만들어 주고, 수녀원 등의 보호 시설로 보냈어요. 아이들의 진짜 신분과 가짜 신분을 기록한 서류는 항아리에 넣어 땅에 묻었어요.

'전쟁이 끝나면 이 아이들의 부모를 꼭 찾아 주자.'

그러나 이레나는 독일군의 의심을 받아 체포되고 말았어요.

"지금까지 탈출시킨 아이들이 어디에 있는지 말해라!"

ⓛ이레나는 끔찍한 고문을 당하면서도 결코 비밀을 말하지 않았어요. 그녀는 사형 선고를 받았지만 비밀 단체 회원들의 도움으로 간신히 목숨을 구했어요.

전쟁이 끝나자 이레나는 땅에 묻어 두었던 항아리를 꺼냈어요. 서류에 적힌 아이들의 수는 약 2,500여 명이었어요. 그녀는 아이들에게 부모를 찾아 주고, 부모를 잃은 아이들은 다른 가정에 입양될 수 있게 도왔어요.

이레나의 노력이 세상에 알려지자 사람들은 그녀를 영웅이라고 칭찬했어요. 하지만 그녀는 이렇게 말했답니다.

"저는 단지 비참하게 살아가는 사람들을 도왔을 뿐입니다."

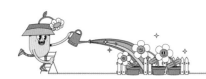
어휘 알기 색칠한 낱말과 초성을 보고 뜻풀이에 알맞은 낱말을 ____에 쓰세요.

| ㄱ | ㅁ | 숨기고 있는 사실을 강제로 알아내기 위해 육체적, 정신적 고통을 주며 캐어물음.   _____

| ㅅ | ㅇ | ㅅ | 많은 사람을 집단적으로 한곳에 가두거나 모아 넣는 곳.   _____

| ㅂ | ㅊ | ㅎ | ㄷ | 더할 수 없이 슬프고 끔찍하다.   _____

독해력 기르기

01 이 글은 언제, 어디에서 일어난 일을 다룬 이야기인지 알맞은 말에 ○ 하세요.

> 제2차 세계 대전 당시 (독일 , 폴란드)

02 이레나 센들러에 대한 설명으로 알맞으면 ○, 알맞지 않으면 ✕ 하세요.

(1) 독일이 유대인을 차별하고 죽이는 것을 당연하게 여겼다.   (   )

(2) 사회 복지국에서 일하며 유대인이 사는 게토에 드나들었다.   (   )

(3) 비밀 단체에 가입해 게토에서 유대인 아이들을 탈출시키는 일을 도왔다.

(   )

03 이레나 센들러가 ㉠과 같이 한 까닭은 무엇인지 빈칸에 알맞은 말을 쓰세요.

아이들이 ☐ ☐ ☐ 이라는 사실을 숨기기 위해

04 ㉡과 같은 인물의 행동에 대해 바르게 말한 친구에 ○ 하세요.

(1)
남을 속이고
거짓말을 하는 것은
옳지 않아.

(2)
자신의 소중함을
모르는 것 같아
안타까워.

(3)
아이들을 지키려는
모습에서 책임감과
희생정신이 느껴져.

05 이 글에서 이레나 센들러가 중요하게 여기는 것으로 알맞은 것은 무엇인가요?

( )

① 돈을 많이 버는 것

② 새로운 일에 도전하는 것

③ 나라를 위해 목숨을 바치는 것

④ 어려움에 처한 사람들을 돕는 것

⑤ 남에게 인정받고 칭찬을 듣는 것

06 이 글의 내용을 요약했어요. 빈칸에 들어갈 알맞은 말을 쓰세요.

이레나 센들러는 제2차 세계 대전 당시 ①◻◻◻ 바르샤바의 사회 복지국에서 일하며 독일군 몰래 유대인을 도왔다. 독일이 유대인들을 강제 수용소로 보내기 시작하자 ②◻◻ 단체에 가입해 유대인 아이들을 구하는 일을 했다. 독일군에게 체포되어 고문을 당하면서도 자신이 구한 아이들에 대한 정보를 비밀로 지켰으며 전쟁이 끝난 후에는 아이들에게 ③◻◻를 찾아 주었다.

① _____ ② _____ ③ _____

 ## 뜻이 비슷한 말

밑줄 친 말과 뜻이 비슷한 말에 ○ 하세요.

(1) 다른 나라를 침략하다. | 구경하다 | 처들어가다 | 살펴보다 |

(2) 간신히 목숨을 구하다. | 결코 | 매우 | 겨우 |

(3) 비밀 단체에 가입하다. | 들어가다 | 탈퇴하다 | 참견하다 |

어울려 쓰는 말

밑줄 친 말과 어울려 쓰는 말에 ○ 하세요.

(1) 나는 단지 어려운 이웃을 (돕는다 , 도울 뿐이다).

(2) 그녀는 단지 맡은 일을 열심히 (했다 , 했을 뿐이다).

(3) 그는 단지 고개를 (저을 뿐 , 젓고) 아무 말도 없었다.

'다른 것이 아니라 오로지.'라는 뜻의 '단지'는 '-뿐', '-만'과 어울려 쓰는 것이 자연스러워.

토픽 한 줄 정리

네가 만약 게토의 어린이라면 이레나 센들러에게 뭐라고 말할래?

이레나 센들러 님! _____

_____

비밀이 새겨진 연에 대해 알고 있니?
궁금하면 다음 장을 넘겨 봐! >>>>>

신호 연에 새겨진 비밀

안녕하십니까? 3학년 2반 문지수입니다. 저는 '신호 연은 어떻게 쓰였을까?'라는 주제로 발표를 준비했습니다.

신호 연은 옛날 전쟁터에서 장군이 군사들에게 명령을 내리기 위해 사용한 통신 수단입니다. 연의 색깔과 무늬로 암호를 정해 신호를 보냈습니다.

신호 연을 가장 잘 활용한 것으로 알려진 인물은 이순신 장군입니다. 이순신 장군은 임진왜란 때 신호 연을 띄워 군사 정보를 보내고 작전을 지시했습니다.

신호 연을 띄울 때 가장 중요한 것은 비밀 유지였습니다. 적이 신호 연을 보고 무슨 의미인지 알면 안 되기 때문에 군사들은 신호 연의 색깔과 무늬가 뜻하는 것을 철저히 비밀로 지켰습니다.

이순신 장군의 신호 연 가운데 몇 가지를 소개합니다.

▲ 기바리 연　　▲ 된방구쟁이 연　　▲ 긴고리 연　　▲ 청외당가리 연

삼각형 두 개가 위아래로 있는 기바리 연은 적과 맞붙어 싸우라는 뜻입니다. 보름달 모양이 그려진 된방구쟁이 연은 달이 뜰 때 공격하라는 뜻이고, 고리가 아래로 길게 늘어진 긴고리 연은 태풍이 불 때 배의 줄을 길게 매라는 뜻입니다. 또 파랑색 바탕에 초승달 모양이 그려진 청외당가리 연은 동쪽을 공격하라는 뜻입니다.

신호 연은 이순신 장군이 임진왜란을 승리로 이끈 요인 가운데 하나로 꼽힙니다. 장군은 신호 연을 이용해 빠르고 정확하게 작전을 지시했고 군사들은 신호 연을 보고 일사불란하게 작전을 펼쳤습니다.

지금까지 '신호 연은 어떻게 쓰였을까?'라는 주제로 발표했습니다. 신호 연에 대해 잘 알게 되었기를 바랍니다.

어휘 알기 | 색칠한 낱말과 초성을 보고 뜻풀이에 알맞은 낱말을 _____에 쓰세요.

| ㅈ | ㅈ | 군사적 목적을 이루기 위해 행하는 조치나 방법. | _____ |

| ㅇ | ㅈ | ㅇ | ㄹ | 1592년에 일본이 조선에 침입한 전쟁. | _____ |

| ㅌ | ㅅ | ㅅ | ㄷ | 소식이나 정보를 전달하기 위해 사용하는 방법이나 도구. | _____ |

독해력 기르기

01 이 글의 발표 주제는 무엇인지 알맞은 것에 ○ 하세요.

(1) 신호 연은 언제 만들어졌을까?　　(　　　　)

(2) 신호 연은 어떻게 쓰였을까?　　(　　　　)

(3) 신호 연은 무엇으로 만들었을까?　(　　　　)

02 이 글을 통해 알 수 있는 내용이 <u>아닌</u> 것은 무엇인가요? (　　　　)

① 신호 연의 뜻　　　　　　　② 신호 연의 예

③ 신호 연을 잘 활용한 사람　　④ 신호 연을 볼 수 있는 전시관

⑤ 신호 연을 띄울 때 중요한 점

03 신호 연에 대한 설명으로 알맞으면 ○, 알맞지 않으면 ✕ 하세요.

(1) 신호 연에 새겨진 색깔과 무늬는 철저히 비밀로 했다.　　　　　(　　　　)

(2) 신호 연을 잘 활용한 인물로는 세종 대왕이 대표적이다.　　　　(　　　　)

(3) 신호 연은 옛날에 전쟁터에서 장군이 군사들에게 명령을 내릴 때 사용했다.

(　　　　)

04 다음 신호 연이 뜻하는 내용으로 알맞은 것을 찾아 선으로 이으세요.

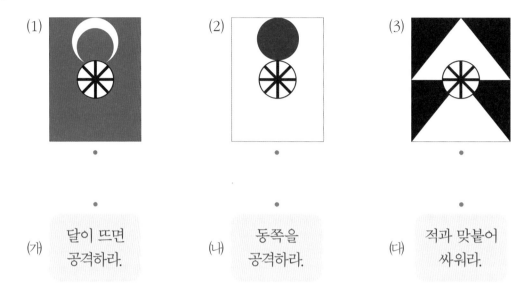

(1)   (2)   (3)

(가) 달이 뜨면 공격하라.   (나) 동쪽을 공격하라.   (다) 적과 맞붙어 싸워라.

05 이 글을 읽고 알게 된 점이나 생각한 점을 알맞게 말하지 <u>못한</u> 친구의 이름을 쓰세요. (   )

윤찬: 신호 연이 무엇이고 어떻게 쓰였는지 잘 알게 되었어.
재민: 이순신 장군의 어린 시절에 대해 알려 주었으면 좋았을 것 같아.
소율: 신호 연의 그림 자료가 있어서 내용을 이해하는 데 도움이 되었어.

06 이 글의 내용을 요약했어요. 빈칸에 들어갈 알맞은 말을 쓰세요.

발표 주제	신호 연은 어떻게 쓰였을까?
발표 내용	• 신호 연은 옛날 ①◻◻터에서 장군이 명령을 내리기 위해 사용한 통신 수단이다. • 연의 ②◻◻와 색깔로 암호를 정해 신호를 보냈으며 이는 철저히 비밀로 지켰다. • ③◻◻◻ 장군은 임진왜란 때 신호 연을 띄워 작전을 지시했다.

① _____   ② _____   ③ _____

한자 성어

글자를 모아 한자 성어를 완성하세요.

일	불
하나 일(一)	아닐 불(不)
란	사
어지러울 란(亂)	실 사(絲)

한 오리 실도 엉키지 아니함이란 뜻으로, 질서가 정연하여 조금도 흐트러지지 아니함을 이르는 말.

예 군사들이 ○○○○하게 움직였다.

모양이 같은 말

밑줄 친 낱말의 뜻으로 알맞은 그림을 찾아 선으로 이으세요.

(1) 연에 무늬를 새겨 하늘에 띄웠다. ·

· (가)

(2) 연은 진흙 속에서 자라면서도 아름다운 꽃을 피운다. ·

· (나)

토픽 한 줄 정리

너만의 신호 연을 만들어 봐!

연의 이름 _____

연에 담긴 뜻 _____

나를 위해 꼭 지켜야 하는 비밀이 있어.
궁금하면 다음 장을 넘겨 봐! >>>>>

반드시 지켜야 할 비밀, 개인 정보

남에게 함부로 알리지 말아야 할 비밀이 있습니다. 그 가운데 하나가 바로 개인 정보입니다. 개인 정보는 이름, 주민 등록 번호, 직업, 주소, 전화번호 같은 개인에 대한 자료를 통틀어 말합니다.

온라인 활동이 활발해지면서, 개인 정보를 보호하는 일이 더욱 중요해졌습니다. 다른 사람의 개인 정보를 빼내 범죄에 이용하는 사람들이 있기 때문입니다. 개인 정보 유출로 인한 피해를 막으려면 개인 정보를 보호하는 방법을 알고 실천해야 합니다.

개인 정보를 보호하려면 인터넷 누리집 등에 접속할 때 입력하는 비밀번호를 잘 관리해야 합니다. 다른 사람이 쉽게 짐작할 수 있는 비밀번호를 사용하지 말고, 주기적으로 비밀번호를 바꾸어야 합니다.

학교 컴퓨터와 같이 여럿이 쓰는 컴퓨터를 이용한 뒤에는 '로그아웃'을 해야 합니다. 컴퓨터에는 정보를 기억하는 기능이 있어서 내가 어떤 누리집에 들어가 내 아이디와 비밀번호로 로그인을 한 뒤 로그아웃을 하지 않으면 다른 사람이 내 개인 정보로 접속할 수 있습니다. 그러면 나도 모르는 사이 내 개인 정보가 유출될 수 있습니다.

그 밖에 누리 소통망(SNS)에 사진이나 동영상을 올릴 때 나와 다른 사람의 개인 정보가 들어 있는지 살펴야 합니다.

앞으로는 온라인을 통해 다른 사람과 소통하는 일이 더욱 활발해질 것입니다. 개인 정보는 반드시 지켜야 할 '비밀'임을 잊지 말고 개인 정보를 보호하기 위해 노력합시다.

* 누리 소통망(SNS): 온라인상에서 사람들이 자기 생각이나 여러 가지 정보를 나누며 서로 교류할 수 있도록 연결해 주는 서비스.

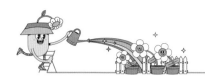
어휘 알기 색칠한 낱말과 초성을 보고 뜻풀이에 알맞은 낱말을 ___에 쓰세요.

| ㅅ | ㅌ | 뜻이 서로 통하여 오해가 없음. | _____ |

| ㅇ | ㅊ | 귀중한 물품이나 정보 등이 밖으로 나감. | _____ |

| ㅈ | ㄱ | ㅈ | 일정한 간격을 두고 되풀이되는 것. | _____ |

독해력 기르기

01 글쓴이가 주장하는 것은 무엇인지 빈칸에 알맞은 말을 쓰세요.

□ □ □ □ 를 보호하자.

02 다음 중 개인 정보에 해당하지 <u>않는</u> 것은 무엇인가요? (   )

① 이름   ② 주소   ③ 전화번호
④ 우리나라 문화재   ⑤ 주민 등록 번호

03 개인 정보를 보호해야 하는 까닭을 바르게 말한 친구에 ○ 하세요.

(1) 컴퓨터를 더욱 잘 다룰 수 있기 때문이야.

(2) 누군가가 내 개인 정보를 빼내 범죄에 이용할 수 있기 때문이야.

(3) 온라인상에서 내가 돋보일 수 있기 때문이야.

04 글쓴이가 제시한 개인 정보를 보호하는 방법으로 알맞으면 ○, 알맞지 않으면 ✕ 하세요.

(1) 비밀번호를 주기적으로 바꾼다. ( )

(2) 다른 사람이 쉽게 짐작할 수 있는 비밀번호를 사용한다. ( )

(3) 여러 사람이 쓰는 컴퓨터를 이용한 뒤에는 '로그아웃'을 한다. ( )

05 누리 소통망에 다음과 같이 사진을 올린 친구에게 해 줄 말로 알맞은 것에 ○ 하세요.

(1) 누리 소통망에는 개인의 일상생활과 관련한 글이나 사진을 올리면 안 돼.

(2) 누리 소통망에 사진을 올릴 때는 개인 정보가 드러나지 않도록 주의해야 해.

06 이 글의 내용을 요약했어요. 빈칸에 들어갈 알맞은 말을 쓰세요.

주장	개인 정보 유출로 인한 피해를 막기 위해 개인 정보를 보호하자.
근거	• ①◻◻◻◻를 주기적으로 바꾸고, 다른 사람이 쉽게 짐작할 수 없는 비밀번호를 사용한다. • 여러 사람이 쓰는 컴퓨터를 이용한 뒤에는 ②◻◻◻◻을 한다. • ③◻◻◻◻◻(SNS)에 사진이나 동영상을 올릴 때 개인 정보가 들어 있는지 살펴본다.

① _____ ② _____ ③ _____

✏️ 이름을 나타내는 말

온라인 활동과 관련 있는 말에 모두 ✓ 하세요.

온라인 활동 🔍

- ☐ 로그인
- ☐ 로그아웃
- ☐ 누리집
- ☐ 방패연
- ☐ 손편지
- ☐ 비밀번호
- ☐ 인터넷
- ☐ 누리 소통망(SNS)

✏️ 틀리기 쉬운 말

밑줄 친 낱말이 바르게 쓰인 문장에 모두 ○ 하세요.

(1) 작품에 <u>함부로</u> 손대지 마시오.　　　　　(　　)

(2) 개인 정보를 <u>함부러</u> 알려 주면 안 된다.　(　　)

(3) 나에 대해 잘 모르면서 <u>함부로</u> 말하지 마라.　(　　)

(4) 친구의 물건을 <u>함부러</u> 만지지 마라.　　　(　　)

'함부로'는 '조심하거나 깊이 생각하지 않고 마음 내키는 대로 마구.'라는 뜻이야. '함부로'를 '함부러'라고 쓰지 않도록 주의해.

토픽 한 줄 정리

개인 정보를 지키기 위해 너는 무엇을 실천하고 있니?

- ☐ 비밀번호를 주기적으로 바꾼다.
- ☐ 누리 소통망에 사진을 올릴 때 개인 정보가 들어 있는지 살펴본다.
- ☐ _____

우리는 매일 어떤 소리를 들으며 살까?

소리는 어떻게 만들어지고 전달될까?

세상에 소리가 사라진다면?

소리

| 물체의 진동에 의해 생긴 음파가 귀청을 울리어 귀에 들리는 것.

메아리는 어떻게 생겨났을까?

소리와 관련한 재미있는 이야기가 있을까?

소리를 듣는 귀를 보호하려면?

사람들이 좋아하는 소리와 싫어하는 소리는 뭘까?

신기한 깃털로 장가간 총각

옛날 어느 마을에 가난한 총각이 살았어. 총각은 새끼를 꼬아 번 돈으로 입에 겨우 풀칠을 하며 살았지. 하루는 총각이 나무에 쳐 놓은 새끼줄에 이상한 울음소리를 내는 새가 세 마리나 걸려들었어. 한 마리는 '웽', 다른 한 마리는 '뷔웅', 또 다른 한 마리는 '뎅데쿵' 하는 소리를 냈지. 총각은 새들에게서 깃털을 하나씩 뽑고는, 놓아주었어.

다음 날, 총각은 정승 집 앞을 지나다가 정승 딸이 풀숲에서 오줌을 누고 후다닥 집 안으로 들어가는 것을 보았어. 총각은 정승 딸이 오줌을 눈 자리에 가지고 있던 새의 깃털을 꽂았지. 그랬더니 이상한 일이 벌어졌어. 정승 딸이 걸을 때마다 '웽', '뷔웅', '뎅데쿵' 하는 소리가 나는 거야.

정승은 딸에게 큰 병이 생겼다며 의원을 불러 약을 지어 먹였지만 소용없었어.

"제가 아가씨 병을 고쳐 드릴 테니 소원을 들어주십시오."

총각이 찾아와 말하자 정승은 묻지도 따지지도 않고 약속했어.

총각은 가짜 약을 만들어 정승에게 주며 말했어.

"이 약을 먹이면 아가씨 병이 나을 겁니다."

그러고는 몰래 풀숲으로 가서 땅에 꽂아 두었던 새의 깃털을 뽑았어. 그러자 정승 딸이 걸을 때 나던 소리가 사라졌어. 정승은 기뻐하며 총각에게 말했어.

"자네가 은인일세. 그래, 소원이 뭔가?"

"아가씨와 결혼하고 싶습니다."

"뭐라고? 예끼, 이놈!"

정승은 화를 내며 총각을 내쫓았어. 총각은 　⊙
그랬더니 정승 딸이 걸을 때 다시 '웽', '뷔웅', '뎅데쿵' 하는 소리가 났어. 결국 정승은 총각을 찾아가 부탁했어.

"딸과 결혼시켜 줄 테니 제발 병을 고쳐 주게."

총각은 땅에서 깃털을 뽑아 병을 고쳐 주었어. 그리고 정승 딸과 결혼해 행복하게 살았단다.

어휘 알기   색칠한 낱말과 초성을 보고 뜻풀이에 알맞은 낱말을 ___에 쓰세요.

| ㅇ | ㅇ | 자신에게 은혜를 베푼 사람.   _____

| ㅅ | ㄲ | 짚으로 꼬아 줄처럼 만든 것.   _____

| ㅅ | ㅇ | ㅇ | ㄷ | 아무런 쓸모나 득이 될 것이 없다.   _____

독해력 기르기

01 총각이 쳐 놓은 새끼줄에 걸려든 것은 무엇인지 빈칸에 알맞은 말을 쓰세요.

이상한 울음소리를 내는 ☐

02 일이 일어난 순서대로 기호를 쓰세요.

> ㉮ 정승 딸이 걸을 때마다 새들의 울음소리가 났다.
> ㉯ 총각은 새들에게서 깃털을 하나씩 뽑고는 놓아주었다.
> ㉰ 총각은 정승 딸이 오줌을 눈 자리에 새의 깃털을 꽂았다.

(   ) → (   ) → (   )

03 이 글의 내용으로 알맞으면 ○, 알맞지 않으면 ✕ 하세요.

(1) 정승은 딸의 병을 고치는 사람을 사위로 삼겠다는 방을 붙였다.   (   )

(2) 정승 딸은 총각이 준 약을 먹어서 걸을 때 나던 소리가 사라졌다.   (   )

(3) 총각이 정승 딸과 결혼하고 싶다고 말하자 정승은 화를 내며 총각을 쫓아냈다.

(   )

04 ㉠에 들어갈 내용으로 알맞은 것에 ○ 하세요.

(1) 정승 딸에게 가짜 약을 먹였어. ( )

(2) 정승 딸의 옷에 새의 깃털을 붙였어. ( )

(3) 정승 딸이 오줌을 누었던 땅에 다시 깃털을 꽂았어. ( )

05 이 글을 읽고 이야기의 내용을 바르게 소개한 친구에 ○ 하세요.

(1) 소리와 관련한 웃기고 재미있는 이야기야.

(2) 가난한 총각과 양반집 딸의 슬프고 아름다운 사랑 이야기야.

06 이 글의 내용을 요약했어요. 빈칸에 들어갈 알맞은 말을 쓰세요.

총각이 쳐 놓은 새끼줄에 이상한 울음소리를 내는 새들이 걸려들었다. 총각은 새들에게서 ①◯◯을 하나씩 뽑고는 놓아주었다. 다음 날 총각은 정승 딸이 ②◯◯을 눈 자리에 새의 깃털을 꽂았다. 그랬더니 정승 딸이 걸을 때마다 새들의 울음소리가 났다. 총각은 땅에서 깃털을 뽑아 정승 딸의 병을 고쳐 주고 정승 딸과 ③◯◯하고 싶다는 소원을 말했다. 정승이 약속을 어기자 총각은 땅에 깃털을 꽂았고 정승 딸이 걸을 때 다시 소리가 났다. 정승은 결혼을 허락했고 총각은 병을 고쳐 주고 정승 딸과 결혼했다.

① _____ ② _____ ③ _____

📖 관용 표현

가난과 관련한 관용 표현이에요. 빈 곳에 알맞은 말을 쓰세요.

| 배 | 풀칠 | 거미줄 |

(1) 입에 ＿＿＿＿＿＿＿ 하다
　　어렵게 겨우 살아가다.

(2) ＿＿＿＿＿＿＿ 가 등에 붙다
　　굶어서 배가 홀쭉하고 몹시 허기지다.

(3) 목에 ＿＿＿＿＿＿＿ 치다
　　아무것도 먹지 못하는 처지가 되다.

📖 뜻이 여러 개인 말

밑줄 친 말이 어떤 뜻으로 쓰였는지 번호를 쓰세요.

② 병을 낫게 하다.

① 고장 나거나 못 쓰게 된 물건을 손질하여 제대로 되게 하다.

고치다

③ 잘못되거나 틀린 것을 바로잡다.

(1) 다리가 부러진 의자를 <u>고쳤다</u>. (　　　)

(2) 문제를 풀고 틀린 답을 <u>고쳤다</u>. (　　　)

(3) 총각은 정승 딸의 병을 <u>고쳤다</u>. (　　　)

토픽 한 줄 정리

신기한 깃털을 주웠어. 이 깃털을 땅에 꽂으면 어떤 소리가 날까?

＿＿＿＿＿＿＿＿＿＿＿＿＿＿＿＿＿＿＿＿＿＿＿＿＿＿＿＿

＿＿＿＿＿＿＿＿＿＿＿＿＿＿＿＿＿＿＿＿＿＿＿＿＿＿＿＿

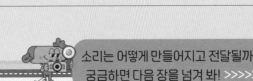

소리는 어떻게 만들어지고 전달될까?
궁금하면 다음 장을 넘겨 봐! >>>>>

소리가 들려요

유리컵을 툭 치면 '쨍' 하는 소리가 나요. 북을 치면 '둥둥' 하는 소리가 나고요. 이런 소리는 어떻게 만들어지고 전달되는 걸까요?

가 소리는 물체의 떨림이 다른 물질을 타고 퍼져 나가는 현상이에요. 소리가 생기려면 물체의 움직임, 즉 떨림이 있어야 해요. 북을 가만히 두면 저절로 소리가 나지는 않아요. 북을 치면 북이 떨리고 그 주위의 공기가 떨려요. 이 떨림이 공기를 타고 퍼져 나가 우리 귀에 닿으면 '둥둥' 하는 북소리가 들리는 거예요.

나 소리는 공기 외에도 다양한 물질을 통해 전달돼요. 물속에서 쇠구슬을 부딪치면 '툭툭' 하는 소리가 들려요. 나무 책상의 한쪽 끝에 귀를 대고, 반대쪽 끝을 두드리면 '탁탁' 하는 소리가 들려요. 물이나 나무를 통해 소리가 전달되기 때문이에요.

다 우리가 듣는 소리는 크기나 높낮이가 다 달라요. 북을 세게 칠 때와 약하게 칠 때 소리가 다르고, 젓가락으로 유리컵을 칠 때와 북을 칠 때 소리가 달라요. 이는 물체마다 떨리는 횟수와 정도가 다르기 때문이에요.

라 사람이나 동물에 따라 들을 수 있는 소리가 다르기도 해요. 사람은 너무 높은 소리나 낮은 소리를 들을 수 없지만 어떤 동물들은 그 범위를 벗어난 소리를 내고 들을 수 있어요. 박쥐나 돌고래는 사람이 들을 수 없는 아주 높은 소리를 내고 들을 수 있어요. 이런 소리를 초음파라고 하는데 박쥐나 돌고래는 초음파를 이용해 먹잇감을 찾고 자기들끼리 의사소통도 해요.

소리에 대해 알게 된 내용을 떠올리며 주변의 소리에 귀 기울여 보세요.

어휘 알기 색칠한 낱말과 초성을 보고 뜻풀이에 알맞은 낱말을 ___에 쓰세요.

| ㅂ | ㅇ | 일정하게 한정된 영역.

_____

| ㅎ | ㅅ | 관찰할 수 있는 사물의 모양과 상태.

_____

| ㅈ | ㄷ | 자극, 신호 등이 다른 기관에 전해짐.

_____

독해력 기르기

01 소리는 무엇인지 빈칸에 알맞은 말을 쓰세요.

물체의 [   ][   ]이 다른 물질을 타고 퍼져 나가는 현상

02 이 글의 내용으로 알맞은 것에 ○ 하세요.

(1) 소리는 공기를 통해서만 전달된다.   (   )

(2) 소리는 공기, 물, 나무 등 다양한 물질을 통해서 전달된다. (   )

03 북소리가 우리 귀에 전달되는 과정이에요. 빈 곳에 들어갈 알맞은 말을 쓰세요.

북을 치면 북이 떨린다. → 북 주위의 _____가 떨린다. → 공기의

떨림이 퍼져 나가 _____에 닿는다.

04 ㉮~㉣ 중 다음 그림이 들어가기에 알맞은 문단의 기호를 쓰세요. (   )

05 이 글을 통해 알 수 있는 사실이 <u>아닌</u> 것에 ✕ 하세요.

(1) 곤충들은 위험을 알리거나 짝짓기를 하기 위해 소리를 낸다.   (   )

(2) 사람은 들을 수 없지만 어떤 동물들만 들을 수 있는 소리가 있다.   (   )

(3) 물체마다 떨리는 횟수와 정도가 다르기 때문에 우리가 듣는 소리의 크기나

높낮이가 다 다르다.   (   )

06 이 글의 내용을 요약했어요. 빈칸에 들어갈 알맞은 말을 쓰세요.

소리가 생기고 전달되는 원리	소리는 물체가 ①◻◻ 때 생긴다. 물체가 떨리면 그 주변의 공기도 함께 떨리고, 공기의 떨림이 퍼지면서 귀에 닿아 소리를 들을 수 있다.
소리의 전달 방식	소리는 주로 ②◻◻를 통해 전달되지만 물, 나무 등 다양한 물질을 통해서도 전달된다.
다양한 소리	• 물체마다 떨리는 횟수와 정도가 다르기 때문에 우리가 듣는 소리의 크기나 높낮이가 다 다르다. • ③◻◻은 너무 높거나 낮은 소리를 들을 수 없지만 어떤 동물들은 사람이 듣지 못하는 소리를 들을 수 있다.

① _____   ② _____   ③ _____

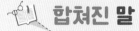

📖 합쳐진 말

낱말과 낱말을 합쳐 뜻에 해당하는 말을 빈칸에 쓰세요.

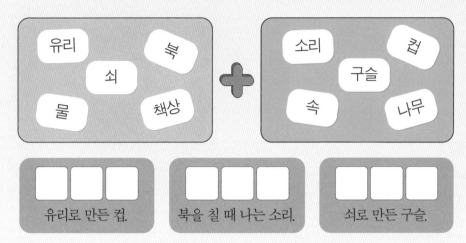

유리로 만든 컵.　　북을 칠 때 나는 소리.　　쇠로 만든 구슬.

📖 올바른 표기

밑줄 친 낱말이 바르게 쓰인 문장에 모두 ○ 하세요.

(1) 숫가락으로 밥과 국을 떠먹었다.　　(　　)

(2) 젓가락으로 유리컵을 치면 소리가 난다.　(　　)

(3) 밥을 먹다 숟가락을 바닥에 떨어뜨렸다.　(　　)

(4) 중국과 일본에서도 젖가락을 사용한다.　(　　)

'젓가락'을 '젇가락' 또는 '젖가락'으로, '숟가락'을 '숫가락'으로 쓰지 않도록 주의해!

로픽 한 줄 정리

지금 무슨 소리가 들리니? 소리를 흉내 내는 말로 표현해 봐!

_____

_____

 메아리의 유래에 관한 신화를 알고 있니? 궁금하면 다음 장을 넘겨 봐! >>>>>

메아리가 된 에코

에코는 아름답고 사랑스러운 요정이었어요. 숲에서 친구들과 사냥을 하거나 즐겁게 노는 것을 좋아했지요. 그런데 에코에게는 쉴 새 없이 수다를 떠는 버릇이 있었어요.

하루는 헤라 여신이 남편 제우스를 찾으러 숲속에 왔어요. 에코가 자꾸만 말을 거는 바람에 헤라는 제우스를 놓치고 말았어요. 화가 난 헤라는 에코에게 벌을 내렸어요.

"너는 앞으로 남보다 먼저 말할 수 없을 것이다. 오직 남이 한 말의 끝부분만 따라 하게 될 것이다."

그때부터 에코는 요정들과 어울리지 않고 혼자 숲을 거닐거나 동굴에 들어가 지냈어요.

어느 날, 에코는 숲에 사냥을 온 나르키소스와 마주쳤어요. 아름다운 나르키소스의 모습에 에코는 눈을 떼지 못했어요. 한눈에 그를 사랑하게 되었지요.

에코는 나르키소스에게 ㉠자신의 마음을 전하고 싶었지만 먼저 말을 걸 수 없어 답답했어요. 나르키소스는 말없이 주변을 맴도는 에코에게 물었어요.

"당신은 누구세요?"

"…누구세요?"

"왜 나를 따라오세요?"

"…따라오세요?"

나르키소스는 자신의 말을 따라 하기만 하는 에코가 이상했어요. 그 뒤로 나르키소스는 에코와 마주치면 못 본 체하거나 쌀쌀맞게 대했어요.

에코는 　㉡　 어두운 동굴 속에서 매일 울기만 하다가 몸이 점점 야위어 갔어요. 결국 에코는 몸이 사라지고 목소리만 남아 메아리가 되었답니다.

어휘 알기 색칠한 낱말과 초성을 보고 뜻풀이에 알맞은 낱말을 ____에 쓰세요.

| ㅅ | ㄷ | 쓸데없이 말이 많음. 또는 그런 말. _____

| ㅇ | ㅇ | ㄷ | 몸의 살이 빠져 마르고 기운이 없다. _____

| ㅁ | ㅇ | ㄹ | 울려 퍼져 가던 소리가 산이나 절벽 같은 데에 부딪쳐 되울려오는 소리. _____

독해력 기르기

01 에코의 버릇은 무엇인지 알맞은 것에 ○ 하세요.

(1) 친구와 밤늦게까지 노는 것 (   )

(2) 쉴 새 없이 수다를 떠는 것 (   )

(3) 해야 할 일을 뒤로 미루는 것 (   )

02 다음 일의 결과로 일어난 일에 ○ 하세요.

> 에코는 헤라 여신에게 자꾸만 말을 걸어서 헤라가 제우스를 놓치게 만들었다.

> 어떤 일이 일어난 까닭을 원인이라고 하고, 원인 때문에 일어난 일을 결과라고 해.

(1) 나르키소스는 숲에서 에코와 마주치면 못 본 체했다. (   )

(2) 에코가 숲에 사냥을 온 나르키소스를 보고 사랑에 빠졌다. (   )

(3) 에코는 남보다 먼저 말할 수 없고, 남이 한 말의 끝부분만 따라 하는 벌을 받았다.

(   )

03 ㉠은 어떤 마음인지 빈칸에 알맞은 말을 쓰세요.

나르키소스를 ☐☐ 하는 마음

04 ⓛ에 들어갈 말로 알맞은 것은 무엇인가요? (   )

① 미안한 마음에   ② 큰 감동을 받아

③ 깊은 슬픔에 잠겨   ④ 귀찮고 짜증이 나

⑤ 두근대고 설레는 마음에

05 이 글에 대한 감상으로 알맞지 <u>않은</u> 내용을 말한 친구의 이름을 쓰세요.

(   )

> 윤아: 산에 갔을 때 메아리를 들은 적이 있어. 메아리와 관련해 이렇게 슬픈
> 이야기가 전해 오는구나.
> 재희: 산에서 메아리를 듣겠다고 소리치면 동물들에게 피해를 줄 수 있어.
> 메아리도 소음이라는 걸 알았으면 해.
> 동민: 이야기에서는 에코 요정이 메아리가 되었다고 했는데 실제로는 메아
> 리가 어떻게 생기는지 궁금해.

06 이 글의 내용을 요약했어요. 빈칸에 들어갈 알맞은 말을 쓰세요.

> 요정 에코에게는 쉴 새 없이 ①◻◻를 떠는 버릇이 있었다. 헤라 여신이 남
> 편 제우스를 찾으러 숲에 왔을 때 에코가 자꾸만 말을 걸어 제우스를 놓치고
> 말았다. 화가 난 헤라는 에코에게 벌을 내려 남보다 먼저 말할 수 없고, 남이 한
> 말의 ②◻부분만 따라 하게 만들었다. 그 후 에코는 나르키소스를 보고 사랑
> 에 빠지지만 나르키소스의 차가운 태도에 상처를 받고 매일 울기만 하다가 몸
> 은 사라지고 목소리만 남아 ③◻◻◻가 되었다.

①＿＿＿＿＿＿＿＿   ②＿＿＿＿＿＿＿＿   ③＿＿＿＿＿＿＿＿

뜻이 비슷한 말

글자를 이용해 밑줄 친 말과 뜻이 비슷한 말을 만들어 쓰세요.

마 르 게 하 냉 다 정

(1) 몸이 점점 야위다.

☐ ☐ ☐

(2) 친구가 나를 쌀쌀맞게 대했다.

☐ ☐ ☐ ☐

헷갈리는 말

알맞은 말에 ○ 하세요.

체		채
그럴듯하게 꾸미는 거짓 태도나 모양을 뜻하는 말. 예 잘 모르면서 아는 체하다.	 VS	이미 있는 상태 그대로 있다는 뜻을 나타내는 말. 예 잠옷을 입은 채로 나갔다.

(1) 동생은 소파에 기대앉은 (채 , 체)로 잠이 들었다.

(2) 나르키소스는 에코를 보고도 못 본 (체 , 채)했다.

토픽 한 줄 정리

이야기 속 등장인물에게 하고 싶은 말이 있니?

☐ 에코   ☐ 헤라 여신   ☐ 나르키소스

 사람들이 좋아하는 소리와 싫어하는 소리가 따로 있을까? 궁금하면 다음 장을 넘겨 봐! >>>>>

소리와 우리 생활

우리는 생활 속에서 다양한 소리를 들어요. 사람들은 좋아하는 소리와 싫어하는 소리를 구분해, 좋아하는 소리는 찾아서 듣고 싫어하는 소리는 차단하려고 해요.

사람들이 좋아하는 소리 중 가장 대표적인 것은 음악이에요. 사람들은 좋아하는 음악을 들으며 행복한 기분을 느껴요. 음악 외에도 빗소리, 파도 소리, 바람 소리 등 자연의 소리를 찾아서 듣는 사람도 있어요. 최근에는 '바삭바삭 과자 먹는 소리', '사각사각 연필로 글씨 쓰는 소리'처럼 일상생활에서 나는 소리를 이용해 마음의 안정을 주는 콘텐츠가 인기를 끌고 있어요.

이와는 반대로 도로의 자동차 소리, 공사장 기계 소리와 같이 시끄럽고 불쾌한 소리는 누구나 듣기 싫어해요. 사람들은 이러한 소리를 '소음'이라고 하고, 이를 막기 위해 다양한 노력을 해요. 집을 지을 때 벽에 소음을 빨아들이는 재료를 넣거나 도로 주변에 시끄러운 소리를 막기 위해 방음벽을 세워요. 또 주변 소리는 줄이고 원하는 소리만 잘 들리게 해 주는 이어폰을 사용하기도 하지요.

그런데 원하는 소리만 골라 듣는 것이 무조건 좋은 건 아니에요. 주변 소리를 줄이고, 음악만 들으며 길을 가다가는 위험한 일이 생길 수도 있어요. 때로는 ㉠듣기 싫은 소리가 우리를 보호해 줄 수 있다는 점을 생각해 볼 필요가 있어요.

어휘 알기 색칠한 낱말과 초성을 보고 뜻풀이에 알맞은 낱말을 _____에 쓰세요.

| ㅊ | ㄷ | 끊거나 막아서 서로 통하지 못하게 하는 것. | _____ |

| ㅇ | ㅈ | 몸이나 마음이 편안하고 고요함. | _____ |

| ㄱ | ㅂ | 일정한 기준에 따라 전체를 몇 개로 갈라 나눔. | _____ |

독해력 기르기

01 이 글에서 가장 중심이 되는 낱말은 무엇인가요? (   )

① 음악   ② 소리   ③ 소음   ④ 위험   ⑤ 차단

02 이 글을 읽고 답할 수 있는 질문에는 ○, 답할 수 없는 질문에는 ✕ 하세요.

(1) 사람들이 좋아하는 소리는 어떻게 만들까?   (   )

(2) 사람들이 듣고 싶은 소리만 들으면 어떤 문제가 생길까?   (   )

(3) 사람들은 듣기 싫은 소리를 막기 위해 어떤 노력을 할까?   (   )

(4) 사람들이 좋아하는 소리와 싫어하는 소리에는 어떤 것이 있을까? (   )

03 다음 설명에 해당하는 말을 이 글에서 찾아 쓰세요. (   )

> 시끄러워서 불쾌감을 느끼게 만드는 소리이다. 도로의 자동차 소리, 공사장의 기계 소리 등이 대표적이다.

04 다음 중 소음을 막기 위한 모습이 <u>아닌</u> 것에 ✕ 하세요.

(1) 도로 주변에 방음벽을 설치한다. ( )

(2) 집을 지을 때 벽에 소음을 빨아들이는 재료를 넣는다. ( )

(3) 소음을 줄이고 원하는 소리를 잘 들리게 하는 이어폰을 사용한다. ( )

(4) 음악 소리와 사람들이 이야기하는 소리가 적당히 들리는 카페에서 공부한다.

( )

05 ㉠의 예로 알맞은 것을 모두 골라 ○ 하세요.

(1) 불이 난 것을 알리는 비상벨 ( )

(2) 위험한 상황을 알리는 자동차 경적 ( )

(3) 바람에 나뭇잎이 가볍게 흔들리는 소리 ( )

06 이 글의 내용을 요약했어요. 빈칸에 들어갈 알맞은 말을 보기 에서 찾아 쓰세요.

> 보기
>
> 불쾌   차단   음악

우리는 생활 속에서 다양한 소리를 듣는다. 사람들은 ①☐☐처럼 듣기 좋은 소리는 찾아서 듣지만 시끄럽고 ②☐☐한 소리인 소음은 ③☐☐하려고 노력한다.

① _____   ② _____   ③ _____

음(音)이 들어간 낱말

빈칸에 알맞은 글자를 써넣어 한자어를 완성하세요.

| 音 소리 음 | ➕ | 풍류 악(樂)　소리 성(聲) 높을 고(高)　막을 방(防) |

음☐	☐음	☐음
사람의 목소리.	소리가 나가거나 들어오지 못하게 막음.	높은 소리.

흉내 내는 말

빈 곳에 알맞은 흉내 내는 말을 쓰세요.

> 사각사각　종이 위에 글씨를 잇따라 가볍게 쓸 때 나는 소리.
> 바삭바삭　단단하고 부스러지기 쉬운 물건을 잇따라 깨무는 소리.

(1) 동생이 글씨를 쓸 때마다 _____ 소리가 났다.

(2) 그는 _____ 소리를 내며 비스킷을 깨물었다.

토픽 한 줄 정리　네가 좋아하는 소리와 싫어하는 소리는 무엇이니?

이 소리는 좋아!	이 소리는 싫어!

 소리를 듣는 귀를 보호하기 위해 해야 할 일을 알고 있니? 궁금하면 다음 장을 넘겨 봐! >>>>>

귀 건강을 지켜요

어린이 난청 환자가 늘고 있다. 난청은 소리가 잘 들리지 않고, 귀가 아프거나 어지러운 증상이다. 난청이 생기면 다른 사람의 말소리를 알아듣기 힘들어 대화가 어렵고, 심하면 청력을 잃을 수 있다. 어린이에게 난청이 생기는 까닭과 이를 예방할 수 있는 방법은 무엇일까?

전문가들은 최근 어린이 난청의 큰 원인으로 이어폰 사용을 꼽는다. 온라인 수업을 듣거나 스마트폰으로 음악을 듣고, 게임을 하는 등의 활동이 많아지면서 이어폰 사용 시간이 늘었다. 그런데 이어폰을 너무 오랜 시간 사용하거나, 이어폰 밖으로 소리가 새어 나갈 정도로 소리를 키우면 귀에 큰 부담이 된다. 우리가 소리를 들을 수 있는 것은 귓속에 있는 청각 세포와 신경이 공기의 진동을 뇌로 전달하기 때문이다. 그런데 시끄러운 음악이나 큰 소리를 들으면 귓속의 청각 세포가 손상되어 기능을 제대로 할 수 없게 된다. 또 귀가 큰 소리에 적응하면 작은 소리에는 자극을 느끼지 못해 잘 듣지 못하게 된다.

난청을 예방하려면 이어폰 사용을 줄여야 한다. 이어폰을 사용할 때도 소리가 바깥으로 새어 나가지 않을 정도의 크기를 유지하는 것이 좋다. 또 귀가 큰 소리에만 반응하는 것을 막으려면 평소에 텔레비전이나 태블릿 등의 기기 소리도 적당하게 유지해야 한다.

청력은 한번 잃으면 되찾기 어렵다. 소중한 귀를 보호하기 위해 이어폰 사용을 줄이고, 사용하는 기기의 소리를 줄이는 노력을 하자.

어휘 알기 색칠한 낱말과 초성을 보고 뜻풀이에 알맞은 낱말을 ___에 쓰세요.

| ㅈ | ㅅ | 병을 앓을 때 나타나는 여러 가지 상태나 모양. | _____ |

| ㅈ | ㅇ | 일정한 조건이나 환경에 맞추어 응하거나 알맞게 됨. | _____ |

| ㅇ | ㅈ | 어떤 상태나 현상을 그대로 이어 가거나 계속하는 것. | _____ |

독해력 기르기

01 이 글에서 말하는 문제 상황으로 알맞은 것에 ◯ 하세요.

(1) 어린이 난청 환자가 늘고 있다.   (   )

(2) 스마트폰으로 음악, 게임을 즐기는 어린이들이 늘고 있다. (   )

02 이 글의 내용을 바르게 이해하지 **못한** 친구의 이름을 쓰세요. (   )

> 유나: 난청은 소리가 잘 들리지 않는 증상을 말해.
> 민우: 난청 증상 중에는 귀가 아프거나 어지러움을 느끼는 것도 있어.
> 하늘: 난청이 생기면 다른 사람과 대화할 때 불편함을 느낄 수 있어.
> 수진: 난청 때문에 소리를 아예 못 듣는 일이 생기지는 않아.

03 이 글에서 어린이 난청의 원인을 무엇이라고 했나요? 빈칸에 알맞은 말을 쓰세요.

| | | | 사용 시간이 늘어난 것

04   이 글에서 귀를 건강하게 지키는 방법으로 제시한 내용을 모두 고르세요.

(,   )

① 이어폰 사용을 줄인다.

② 귀를 함부로 후비지 않는다.

③ 조용하고 편안한 음악을 듣는다.

④ 사용하는 기기의 소리를 줄인다.

⑤ 귀에 물이 들어가지 않도록 주의한다.

05   이 글의 내용을 생활에서 바르게 실천한 친구에 ○ 하세요.

(1) 밖에서 이어폰 소리를 최대로 크게 하고 음악을 들었어.

(2) 집에서 텔레비전을 볼 때 소리 크기를 중간 정도로 설정했어.

06   이 글의 내용을 요약했어요. 빈칸에 들어갈 알맞은 말을 쓰세요.

문제 상황	어린이들의 이어폰 사용 시간이 늘어나면서 어린이 ①☐☐ 환자가 늘고 있다.
해결 방법	• 이어폰 사용을 줄인다. • 사용하는 기기의 ②☐☐☐를 줄인다.

① _____   ② _____

낱말의 관계

비슷한말에는 =, 반대말에는 ↔ 기호를 쓰세요.

| 늘다 ◯ 줄다 | 잃다 ◯ 얻다 |
| 시끄럽다 ◯ 조용하다 | 적당하다 ◯ 알맞다 |

이어 주는 말

빈 곳에 알맞은 이어 주는 말을 쓰세요.

| 그러나 | 그래서 | 그리고 | 왜냐하면 |

(1) 최근 어린이 난청 환자가 늘고 있다. _____ 이어폰을 사용해 소리를 듣는 어린이들이 늘어났기 때문이다.

(2) 청력은 한번 잃으면 되찾기 어렵다. _____ 평소에 귀를 건강하게 지키기 위해 노력해야 한다.

이어 주는 말을 쓸 때는 앞의 문장과 뒤의 문장이 어떤 관계로 이어지는지 잘 살펴봐야 해.

토픽 한 줄 정리

귀 건강을 위해 무엇을 실천할래?

☐ 이어폰 사용을 줄일래.　　　☐ 사용하는 기기의 소리를 줄일래.

또 _____

세상을 만든 마고할미

하늘과 땅이 맞붙어 있던 옛날 옛적에, 몸집이 아주 큰 마고할미가 살았어요. 마고할미는 오랫동안 깊은 잠에 빠져 있었어요. 그러던 어느 날, 마고할미가 드르렁드르렁 코를 골자 하늘과 땅이 들썩이기 시작했어요.

"아함, 잘 잤다."

마고할미가 일어나려고 기지개를 켜자, 붙어 있던 하늘과 땅이 벌어지면서 하늘과 땅이 생겨났어요.

"오줌이 마렵군."

마고할미가 오줌을 누자, 오줌이 강이 되어 흘러넘쳤어요. 사람들은 깜짝 놀라 허겁지겁 둑을 쌓았지요.

"이런, 내가 실수를 했군."

마고할미는 둑을 쌓아 주려고 치마폭에 돌을 잔뜩 담아 바다를 건넜어요. 그런데 그만 치마가 찢어져 바다 곳곳에 돌이 떨어졌어요. 그 돌들은 크고 작은 섬이 되었어요.

사람들은 마고할미의 찢어진 치마를 고쳐 주기로 했어요. 사람들이 바느질을 하는 동안 마고할미는 오른발을 동쪽 바다에, 왼발을 서쪽 바다에 뻗고 첨벙첨벙 물장구를 쳤어요. 그러자 세상이 온통 물바다가 되었어요. 사람들은 물에서 허우적거리다 겨우 빠져나와 높은 곳으로 몸을 피했어요.

"내가 또 물벼락을 내렸구먼."

머쓱해진 마고할미가 손가락으로 땅을 팠어요. 그러자 긁어져 나온 흙이 모인 곳은 산이 되고, 움푹 파인 곳은 골짜기가 되어 물이 흘렀어요.

"배가 고프군. 뭘 좀 먹어야겠어."

마고할미는 급하게 이것저것 먹다가 배탈이 나서 먹은 것을 토해 냈어요. 이때 북쪽으로 날아간 것은 높은 산이 되고, 남쪽으로 날아간 것은 큰 섬이 되었답니다.

어휘 알기 색칠한 낱말과 초성을 보고 뜻풀이에 알맞은 낱말을 ＿＿에 쓰세요.

| ㄱ | ㅈ | ㄱ | 피곤할 때에 몸을 쭉 펴고 팔다리를 뻗는 일. | ＿＿＿＿＿＿ |

| ㅁ | ㅆ | ㅎ | ㄷ | 창피를 당하거나 흥이 꺾여 어색하고 부끄럽다. | ＿＿＿＿＿＿ |

| ㄷ | ㅆ | ㅇ | ㄷ | 묵직한 물건이 떠들렸다 가라앉았다 하다. | ＿＿＿＿＿＿ |

독해력 기르기

01 이 글에서 일이 일어난 때를 나타내는 말에 ○ 하세요.

마고할미   옛날 옛적   하늘과 땅   동쪽 바다

02 이 글의 중심 내용은 무엇인지 빈칸에 알맞은 인물을 쓰세요.

☐ ☐ ☐ ☐ 가 세상을 만들었다.

03 이 글을 읽고 떠올릴 수 있는 장면에 모두 ○ 하세요.

(1)
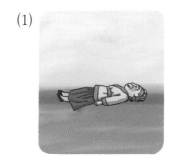

(2)

(3)

04 마고할미가 한 행동과 그에 따라 일어난 일을 선으로 알맞게 이으세요.

(1) 잠에서 깨어나 기지개를 켜자 · · (가) 강이 되어 흘러넘쳤다.

(2) 오줌을 누자 · · (나) 하늘과 땅이 생겨났다.

(3) 돌을 나르다가 바다에 떨어뜨리자 · · (다) 산과 골짜기가 만들어졌다.

(4) 물바다가 된 땅을 손가락으로 파자 · · (라) 크고 작은 섬이 생겼다.

05 이 글을 알맞게 소개한 것에 ○ 하세요.

(1) 세상을 만든 신에 대한 이야기이다.　　(　　　)

(2) 실제로 살았던 인물에 대한 이야기이다.　(　　　)

06 이 글의 내용을 요약했어요. 빈칸에 들어갈 알맞은 말을 보기 에서 찾아 쓰세요.

> **보기**
>
> 산　　　강　　　섬

옛날 옛적에 깊은 잠에서 깨어난 마고할미가 기지개를 켜자 하늘과 땅이 생겼다. 마고할미가 오줌을 누자 오줌이 ①◻이 되어 흘러넘쳤고 실수로 바다에 돌을 떨어뜨리자 크고 작은 ②◻이 생겼다. 마고할미가 물바다가 된 땅을 손가락으로 파자 ③◻과 골짜기가 만들어졌고, 배탈이 나서 먹은 것을 토해 내자 높은 산과 큰 섬이 생겼다.

① _____　　② _____　　③ _____

뜻을 더하는 말

빈칸에 알맞은 말을 쓰세요.

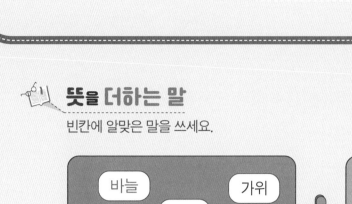

바늘　가위　부채　망치　걸레

╋

-질

도구를 나타내는 말 뒤에 붙어 그 도구를 가지고 하는 일의 뜻을 더한다.

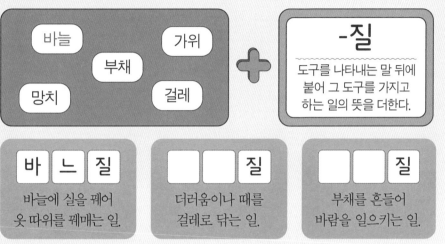

바 ㄴ 질
바늘에 실을 꿰어 옷 따위를 꿰매는 일.

☐ ☐ 질
더러움이나 때를 걸레로 닦는 일.

☐ ☐ 질
부채를 흔들어 바람을 일으키는 일.

흉내 내는 말

빈 곳에 들어갈 알맞은 흉내 내는 말을 찾아 선으로 이으세요.

(1) 아버지가 코를 _____ 골았다.　•

•(개) 첨벙첨벙

(2) 아이들이 물속으로 _____ 뛰어들었다.　•

•(내) 드르렁드르렁

토픽 한 줄 정리

마고할미가 또 무엇을 만들었을지 상상해 봐!

마고할미가 _____ 하자

☐ 동굴　☐ 호수　☐ _____ 이(가) 만들어졌어.

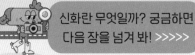

신화란 무엇일까? 궁금하면 다음 장을 넘겨 봐! >>>>

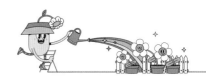
어휘 알기 색칠한 낱말과 초성을 보고 뜻풀이에 알맞은 낱말을 ___에 쓰세요.

| ㄷ | ㄹ | 서로 반대되거나 모순됨. | _____ |

| ㅊ | ㅈ | 예술 작품을 독창적으로 지어냄. | _____ |

| ㅇ | ㄱ | 창조적인 일의 계기가 되는 기발한 생각이나 자극. | _____ |

독해력 기르기

01 이 글에서 다루는 내용은 무엇인지 알맞은 말에 ○ 하세요.

> 신화가 (문화 예술 , 첨단 과학) 분야에 미친 영향

02 이 글의 내용으로 알맞으면 ○, 알맞지 않으면 ✕ 하세요.

(1) 그리스 신화는 오랫동안 예술가들이 작품을 창작하는 데 영향을 주었다.

(   )

(2) 그리스 신화에서 얻은 상상력이 작품을 창작하는 데 큰 영향을 미친 사례는 소설 『반지의 제왕』이 대표적이다. (   )

(3) 최근에는 이집트, 인도 등 다양한 나라의 신화를 바탕으로 한 콘텐츠가 만들어 지고 있다. (   )

03 이 글에서 신화가 오늘날 다양한 문화 콘텐츠를 만드는 데 활용되는 이유로 제시한 내용을 모두 골라 ○ 하세요.

(1) 신화는 재미있다. (   )

(2) 신화는 생각할 거리가 많은 이야기이다. (   )

(3) 신화는 오래전에 만들어진 이야기이다. (   )

04 이 글의 내용과 설명 방법에 대해 바르게 말한 것에 ○ 하세요.

(1) 신화의 뜻을 자세히 풀어서 설명하고 있다. ( )

(2) 신화가 문화 예술 분야에 미친 영향을 예를 들어 설명하고 있다. ( )

(3) 우리나라 신화와 다른 나라 신화의 공통점과 차이점을 자세히 설명하고 있다.

( )

05 이 글을 읽고 알게 된 점으로 알맞은 내용을 말한 친구에 ○ 하세요.

(1) 우리 신화가 세계에서도 인기를 끈다니 자랑스러워.

(2) 신화를 활용한 문화 콘텐츠는 인기가 없구나.

(3) 신화는 오래전 이야기 이지만 오늘날까지도 많은 영향을 주고 있구나.

06 이 글의 내용을 요약했어요. 빈칸에 들어갈 알맞은 말을 쓰세요.

신화가 미친 영향	신화는 오늘날까지도 문화 ①◻◻ 분야에서 다양하게 활용되고 있다.
신화가 문화 예술 분야에 활용된 예	• 그리스 신화를 바탕으로 한 연극, 문학, 음악, 미술 작품. • ②◻◻◻ 신화를 바탕으로 한 소설 『반지의 제왕』. • 이집트, 인도 등 다양한 나라의 신화를 바탕으로 만든 영화와 게임. • 우리나라 바리데기 신화를 소재로 한 뮤지컬과 게임.

① _____ ② _____

포함하는 말

다른 낱말을 포함하는 말을 찾아 쓰세요.

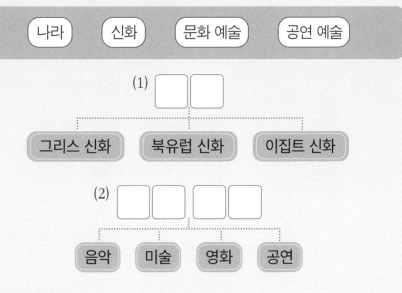

| 나라 | 신화 | 문화 예술 | 공연 예술 |

(1) ☐☐

그리스 신화   북유럽 신화   이집트 신화

(2) ☐☐☐☐

음악   미술   영화   공연

뜻이 비슷한 말

밑줄 친 말과 뜻이 비슷한 말에 ○ 하세요.

(1) 그리스 신화를 소재로 한 작품이 <u>무수히</u> 만들어졌다.　　때때로　수없이

(2) 이집트 신화를 바탕으로 한 영화가 <u>제작되다</u>.　　만들어지다　알려지다

토픽 한 줄 정리

신화를 영화나 게임으로 만들 때 주인공이나 내용을 바꾸어도 될까?

☐ 당연히 바꿔도 돼!　　　☐ 바꾸면 안 돼!

왜냐하면 _____

1일 메두사와 페르세우스
11-13쪽

어휘 알기

신전, 저주, 흉측하다

독해력 기르기

01 (1) ○ (2) ×
02 (2) ○   03 (3) ○
04 (3) ○
05 (2) ○
06 ① 괴물 ② 돌 ③ 페르세우스

어휘력 더하기

이름을 나타내는 말 (1) 칼 (2) 갑옷 (3) 투구 (4) 방패
꾸며 주는 말 (1) 즐겁게 (2) 흉측한

| 독해력 기르기 |

01 메두사는 바다의 신 포세이돈과 아테나 여신의 신전에서 놀다가 아테나 여신에게 벌을 받아 괴물로 변했으므로 (2)의 내용은 알맞지 않습니다.

02 괴물로 변한 메두사는 눈이 툭 튀어나오고 뾰죽한 송곳니가 돋아나는가 하면, 머리카락이 뱀으로 변했으므로 (2)의 모습이 알맞습니다.

03 아테나 여신이 페르세우스에게 거울처럼 모습을 비춰 볼 수 있는 방패를 주며 당부한 내용으로는 '메두사를 직접 보면 돌로 변하니' 방패로 비춰서 보도록 하라는 내용이 알맞습니다.

04 이 글의 중심 사건은 페르세우스가 메두사를 물리친 것이므로 (3)의 제목이 알맞습니다.

05 이 글에서 메두사가 신을 괴롭히고 못살게 굴었다는 내용은 나오지 않고, 페르세우스는 신들의 도움을 받아 메두사를 물리쳤으므로 (1)과 (3)의 내용은 알맞지 않습니다.

06 일이 일어난 차례에 따라 글의 내용을 요약해 봅니다.

| 어휘력 더하기 |

이름을 나타내는 말 (1)은 칼, (2)는 갑옷, (3)은 투구, (4)는 방패입니다.
꾸며 주는 말 (1)에서 '놀았다'를 꾸며 주는 말로는 '즐겁게'가 알맞습니다. (2)에서 '괴물'을 꾸며 주는 말로는 '흉측한'이 알맞습니다.

2일 프랑켄슈타인의 탄생
15-17쪽

어휘 알기

공포, 출간, 제안하다

독해력 기르기

01 ⑤
02 (1) ○ (2) ○ (3) ×
03 (1) ○
04 수아
05 ① 꿈 ② 과학자 ③ 괴물

어휘력 더하기

악(惡)이 들어간 낱말 (악)몽, (악)마, (악)행
모양이 같은 말 (1)-(나) (2)-(가)

| 독해력 기르기 |

01 이 글은 프랑켄슈타인이 어떻게 괴물을 상징하는 이름이 되었는지에 대해 알려 주는 글입니다.

02 메리 셸리는 끔찍한 괴물을 만든 과학자에 대한 꿈을 꾸고, 이를 바탕으로 이야기를 지었다고 했으므로 (3)의 내용은 알맞지 않습니다.

03 메리 셸리는 젊은 과학자가 인체 조직을 이용해 사람처럼 생긴 생명체를 만들고 그로 인해 일어나는 사건을 그린 이야기를 지었습니다.

04 이 글은 프랑켄슈타인이 괴물을 상징하는 이름이 된 까닭을 설명하기 위해 메리 셸리가 소설『프랑켄슈타인』을 쓰게 된 동기와 소설의 내용을 소개하고 있습니다. 수아는 이 글의 중심 내용과 관련 없는 내용을 말했습니다.

05 프랑켄슈타인이 괴물을 상징하는 이름이 된 까닭을 중심으로 글의 내용을 요약해 봅니다.

| 어휘력 더하기 |

악(惡)이 들어간 낱말 '악몽'은 불길하고 무서운 꿈, '악마'는 나쁜 귀신, '악행'은 악하고 독한 행동을 뜻하는 말입니다.
모양이 같은 말 (1)의 '꾸다'는 도로 갚기로 하고 남의 것을 얼마 동안 빌려 쓴다는 뜻이고 (2)의 '꾸다'는 꿈을 본다는 뜻입니다.

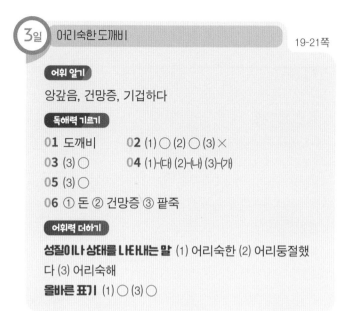

3일 어리숙한 도깨비   19-21쪽

어휘 알기

앙갚음, 건망증, 기겁하다

독해력 기르기

01 도깨비   02 (1) ○ (2) ○ (3) ×

03 (3) ○   04 (1)-(대) (2)-(나) (3)-(개)

05 (3) ○

06 ① 돈 ② 건망증 ③ 팥죽

어휘력 더하기

성질이나 상태를 나타내는 말 (1) 어리숙한 (2) 어리둥절했다 (3) 어리숙해

올바른 표기 (1) ○ (3) ○

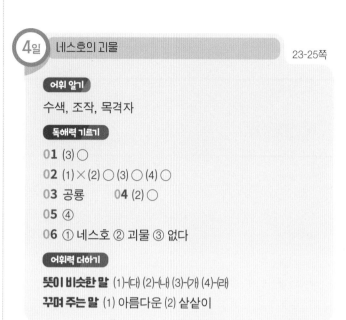

4일 네스호의 괴물   23-25쪽

어휘 알기

수색, 조작, 목격자

독해력 기르기

01 (3) ○

02 (1) × (2) ○ (3) ○ (4) ○

03 공룡   04 (2) ○

05 ④

06 ① 네스호 ② 괴물 ③ 없다

어휘력 더하기

뜻이 비슷한 말 (1)-(대) (2)-(나) (3)-(개) (4)-(래)

꾸며 주는 말 (1) 아름다운 (2) 샅샅이

| 독해력 기르기 |

01 농부는 밤에 길을 가다 도깨비를 만났습니다.

02 농부는 도깨비 덕분에 부자가 되었고 도깨비와 친구가 되었지만 농부의 가족들은 도깨비를 무서워하고 싫어했으므로 (3)의 내용은 알맞지 않습니다.

03 농부는 도깨비가 찾아오는 것을 막기 위해 도깨비가 무서워하는 붉은 팥죽을 집 안 곳곳에 뿌려 놓았습니다.

04 이야기에서 인물의 마음은 상황에 따라 변하기도 합니다. 농부는 도깨비를 처음 만났을 때는 무서웠지만 도깨비와 친구가 되었을 때는 편안했습니다. 도깨비를 쫓기로 결심했을 때는 미안한 마음이 들었습니다.

05 옛이야기에는 다양한 모습과 특징의 도깨비가 등장합니다. 이 글에 나오는 도깨비는 겉모습은 무섭지만 다소 어리숙합니다.

06 일이 일어난 차례에 따라 글의 내용을 요약해 봅니다.

| 어휘력 더하기 |

성질이나 상태를 나타내는 말 (1)과 (3)에는 겉모습이나 말과 행동이 치밀하지 못해 순진하고 어리석은 데가 있다는 뜻인 '어리숙한', '어리숙해'가 각각 들어가야 알맞습니다. (2)에는 무슨 까닭인지 잘 몰라서 정신이 얼떨떨하다는 뜻인 '어리둥절했다'가 들어가야 알맞습니다.

올바른 표기 (2) '돌맹이'는 틀린 표현이고 '돌멩이'라고 써야 합니다.

| 독해력 기르기 |

01 이 글은 네스호 괴물 논란에 대해 알려 주는 글입니다.

02 네스호는 영국 스코틀랜드에 있는 호수이므로 (1)의 내용은 알맞지 않습니다.

03 1933년, 영국인 부부가 네스호에서 공룡같이 생긴 생명체를 목격했다고 했습니다.

04 앞 문단에서 방송국 탐사팀 등이 네스호를 수색한 결과 괴물은 없다고 했으므로 ㉠에 들어갈 내용은 '괴물은 없다.'가 알맞습니다.

05 이 글의 마지막 부분에서 글쓴이는 '네스호 괴물에 대한 논란은 끝나지 않을 것으로 보인다.'라고 자신의 생각을 나타냈으므로 ④의 내용이 알맞습니다.

06 네스호 괴물 논란에 대한 내용을 중심으로 글의 내용을 요약해 봅니다.

| 어휘력 더하기 |

뜻이 비슷한 말 (1) '고백하다'는 마음속에 생각하고 있는 것이나 감추어 둔 것을 사실대로 숨김없이 말한다는 뜻으로 '털어놓다'와 바꿔 쓸 수 있고 (2) '수색하다'는 구석구석 뒤지어 찾는다는 뜻으로 '뒤지다'와 바꿔 쓸 수 있습니다. (3) '목격하다'는 눈으로 직접 본다는 뜻으로 '보다'와 바꿔 쓸 수 있고 (4) '전하다'는 어떤 사실을 상대에게 알린다는 뜻으로 '알리다'와 바꿔 쓸 수 있습니다.

꾸며 주는 말 (1) '호수'를 꾸며 주는 말로는 '아름다운'이 알맞고 (2) '뒤졌지만'을 꾸며 주는 말로는 '샅샅이'가 알맞습니다.

5일 무섭지만 끌리는 괴물 27-29쪽

어휘 알기

초능력, 발휘하다, 괴상하다, 열광하다

독해력 기르기

01 ⑤　　02 (1) ○ (3) ○

03 (1) ㉠ (2) ㉣

04 (2) ○

05 ① 괴물 ② 호기심 ③ 즐거움

어휘력 더하기

관용 표현 마음

낱말의 관계 무섭다 ≡ 두렵다, 즐겁다 ≡ 기쁘다, 특이하다 ≡ 독특하다, 조마조마하다 ↔ 편안하다

| 독해력 기르기 |

01 이 글은 괴물이 등장하는 콘텐츠가 사람들에게 인기 있는 이유가 무엇인지에 대해 알려 줍니다.

02 글쓴이는 괴물 이야기가 인기를 끄는 이유 중 하나로 괴물이 사람들의 호기심과 상상력을 자극하기 때문이라고 했습니다. 이를 뒷받침하는 내용으로 괴물의 독특한 모습과 놀라운 능력을 제시했습니다.

03 문단은 중심 문장과 뒷받침 문장으로 이루어져 있으며 문단의 내용을 대표하는 문장을 중심 문장이라고 합니다. 나 문단의 중심 문장은 ㉠이고 다 문단의 중심 문장은 ㉣입니다.

04 이 글의 내용과 관련 있는 경험으로는 괴물이 나오는 이야기를 읽고 감상을 표현한 (2)의 내용이 알맞습니다.

05 괴물이 등장하는 콘텐츠가 인기 있는 이유를 중심으로 글의 내용을 요약해 봅니다.

| 어휘력 더하기 |

관용 표현 '마음을 놓다'는 마음을 편안하게 하다는 뜻의 관용 표현입니다.

낱말의 관계 '무섭다'와 '두렵다', '즐겁다'와 '기쁘다', '특이하다'와 '독특하다'는 뜻이 비슷한 말입니다. '조마조마하다'와 '편안하다'는 뜻이 서로 반대되는 말입니다.

1일 임금님 귀는 당나귀 귀 33-35쪽

어휘 알기

두건, 목청껏, 후련하다

독해력 기르기

01 당나귀

02 ④　　03 (3) ○

04 민지　　05 (2) ○

06 ① 복두장이 ② 비밀 ③ 대나무

어휘력 더하기

말에 대한 속담 (1) (낮말은) 새(가 듣고 밤말은) 쥐(가 듣는다) (2) 발 (없는) 말(이 천 리 간다)

모양이 같은 말 (1)-(나) (2)-(가)

| 독해력 기르기 |

01 왕의 비밀은 귀가 당나귀 귀처럼 커진 것입니다.

02 왕의 비밀을 혼자만 알고 있는 복두장이는 마음이 무겁고 답답하고 부담스럽고 두렵기까지 했습니다. ④의 '후련함'은 비밀을 간직한 복두장이의 마음으로 알맞지 않습니다. 복두장이는 대나무 숲에서 큰 소리로 비밀을 말한 뒤에야 비로소 마음이 후련했습니다.

03 비밀 때문에 시름시름 앓게 된 복두장이는 아무도 없는 대나무 숲에 가서 큰 소리로 "임금님 귀는 당나귀 귀다!" 하고 비밀을 외쳤습니다.

04 이 글에서 복두장이는 무거운 비밀을 간직해 마음이 무겁고 답답했습니다. 이와 비슷한 경험을 떠올려 말한 사람은 민지입니다.

05 이 글에는 왕이 백성들에게 약속을 어겼다거나 전쟁 때문에 백성들이 어려움을 겪었다는 내용은 나오지 않으므로 (1)과 (3)의 내용은 알맞지 않습니다.

06 일이 일어난 차례에 따라 글의 내용을 요약해 봅니다.

| 어휘력 더하기 |

말에 대한 속담 빈칸에 알맞은 말을 써넣어 말에 대한 속담을 익혀 봅니다.

모양이 같은 말 (1)의 '베다'는 누울 때, 베개 따위를 머리 아래에 받친다는 뜻이고 (2)의 '베다'는 날이 있는 도구로 무엇을 끊거나 자르거나 가른다는 뜻입니다.

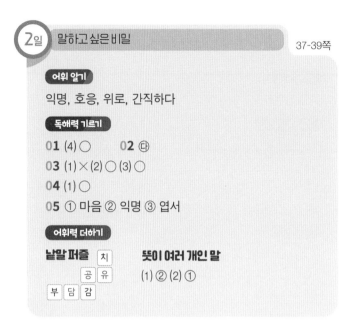

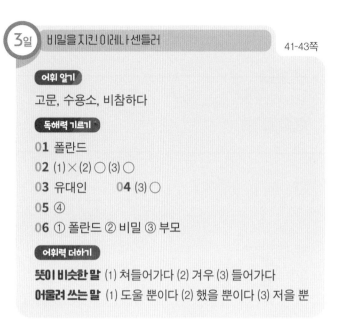

2일 말하고 싶은 비밀
37-39쪽

어휘 알기

익명, 호응, 위로, 간직하다

독해력 기르기

01 (4) ○   02 ㉯
03 (1) × (2) ○ (3) ○
04 (1) ○
05 ① 마음 ② 익명 ③ 엽서

어휘력 더하기

낱말 퍼즐

치
공 유
부 담 감

뜻이 여러 개인 말
(1) ② (2) ①

3일 비밀을 지킨 이레나 센들러
41-43쪽

어휘 알기

고문, 수용소, 비참하다

독해력 기르기

01 폴란드
02 (1) × (2) ○ (3) ○
03 유대인   04 (3) ○
05 ④
06 ① 폴란드 ② 비밀 ③ 부모

어휘력 더하기

뜻이 비슷한 말 (1) 처들어가다 (2) 겨우 (3) 들어가다
어울려 쓰는 말 (1) 도울 뿐이다 (2) 했을 뿐이다 (3) 저을 뿐

| 독해력 기르기 |

01 이 글에는 비밀을 간직하는 것이 나쁘다거나 비밀이 많아 보이면 다른 사람의 관심을 끌 수 있다는 내용은 나오지 않으므로 (1)과 (2)의 내용은 알맞지 않습니다. 사람들은 비밀을 털어놓고 싶어 한다고 했으므로 (3)의 내용도 알맞지 않습니다.

02 ㉠은 비밀을 털어놓음으로써 걱정, 외로움, 부담감 등에서 벗어나는 것을 의미합니다.

03 비밀 엽서 운동은 사람들에게 큰 호응을 얻었고, 실제로 이 운동을 통해 많은 사람들이 위로를 받고 마음의 병을 치유했다고 했으므로 (1)의 내용은 알맞지 않습니다.

04 앞의 내용에서 비밀을 털어놓고 누군가의 공감을 얻는 것이 얼마나 큰 위로가 되는지를 말했으므로 ㉡에는 '가만히 공감해 주어요.'라는 (1)의 내용이 들어가야 알맞습니다.

05 비밀을 털어놓고 싶어 하는 사람들의 사례를 중심으로 글의 내용을 요약해 봅니다.

| 어휘력 더하기 |

낱말 퍼즐 가로 풀이와 세로 풀이를 잘 보고 뜻에 해당하는 낱말을 써 봅니다.

뜻이 여러 개인 말 '털어놓다'는 여러 가지 뜻으로 쓰입니다. (1)에서는 마음속에 품고 있는 사실을 숨김없이 말한다는 의미로, (2)에서는 속에 든 물건을 모두 내놓는다는 의미로 쓰였습니다.

| 독해력 기르기 |

01 이 글은 제2차 세계 대전 당시 폴란드에서 일어난 일을 다루고 있습니다.

02 이레나 센들러는 독일이 유대인을 차별하고 죽이는 것을 범죄라고 생각했으므로 (1)의 내용은 알맞지 않습니다.

03 이레나 센들러가 게토에서 탈출시킨 아이들에게 가짜 신분 서류를 만들어 준 까닭은 아이들이 유대인이라는 사실을 숨기기 위해서였습니다.

04 ㉡을 통해 게토에서 구출한 유대인 아이들에 대한 이레나 센들러의 강한 책임감과 희생정신을 엿볼 수 있습니다.

05 이레나 센들러는 자신이 위험에 처할 수 있는 상황에서도 비참하게 살아가는 유대인을 돕기 위해 힘썼으므로 이레나 센들러가 중요하게 여기는 것은 ④의 내용이 알맞습니다.

06 인물이 한 일을 중심으로 글의 내용을 요약해 봅니다.

| 어휘력 더하기 |

뜻이 비슷한 말 (1) '침략하다(남의 나라에 처들어가다.)'는 '처들어가다', (2) '간신히(겨우 또는 가까스로.)'는 '겨우', (3) '가입하다(조직이나 단체 따위에 들어가다.)'는 '들어가다'와 뜻이 비슷합니다.

어울려 쓰는 말 (1)에서 '단지'는 '도울 뿐이다', (2)에서 '단지'는 '했을 뿐이다', (3)에서 '단지'는 '저을 뿐'과 어울려 쓰는 것이 자연스럽습니다.

어휘 알기

작전, 임진왜란, 통신 수단

독해력 기르기

01 (2) ○　　**02** ④

03 (1) ○ (2) × (3) ○

04 (1)-(나) (2)-(가) (3)-(다)

05 재민

06 ① 전쟁 ② 무늬 ③ 이순신

어휘력 더하기

한자 성어 일사불란

모양이 같은 말 (1)-(가) (2)-(나)

| 독해력 기르기 |

01 이 글은 '신호 연은 어떻게 쓰였을까?'를 주제로 한 발표문입니다.

02 이 글에 ④ 신호 연을 볼 수 있는 전시관은 나와 있지 않습니다.

03 신호 연을 잘 활용한 인물로는 이순신 장군이 대표적이라고 했으므로 (2)의 내용은 알맞지 않습니다.

04 (1) 청외당가리 연은 동쪽을 공격하라는 뜻이고 (2) 된방구쟁이 연은 달이 뜰 때 공격하라는 뜻이며 (3) 기바리 연은 적과 맞붙어 싸우라는 뜻입니다.

05 재민이가 말한 이순신 장군의 어린 시절에 대한 내용은 발표 주제와 어울리지 않습니다.

06 신호 연이 무엇이고 어떻게 활용되었는지를 중심으로 글의 내용을 요약해 봅니다.

| 어휘력 더하기 |

한자 성어 '일사불란(一絲不亂)'은 한 오리 실도 엉키지 아니함이란 뜻으로, 질서가 정연하여 조금도 흐트러지지 아니함을 이르는 말입니다.

모양이 같은 말 (1)에서 '연'은 종이에 댓가지를 가로세로로 붙여 실을 맨 다음 공중에 높이 날리는 장난감을 뜻하고 (2)에서 '연'은 수련과의 여러해살이 수초를 뜻합니다.

어휘 알기

소통, 유출, 주기적

독해력 기르기

01 개인 정보　　**02** ④

03 (2) ○　　**04** (1) ○ (2) × (3) ○

05 (2) ○

06 ① 비밀번호 ② 로그아웃 ③ 누리 소통망

어휘력 더하기

이름을 나타내는 말 로그인, 로그아웃, 누리집, 비밀번호, 인터넷, 누리 소통망(SNS)

틀리기 쉬운 말 (1) ○ (3) ○

| 독해력 기르기 |

01 이 글에서 글쓴이는 개인 정보를 보호하자는 주장을 펼치고 있습니다.

02 개인 정보는 이름, 주민 등록 번호, 직업, 주소, 전화번호 같은 개인에 대한 자료를 통틀어 이르는 말로, 우리나라 문화재는 개인 정보에 해당하지 않습니다.

03 다른 사람의 개인 정보를 빼내 범죄에 이용하는 사람들이 있기 때문에 개인 정보를 보호해야 한다고 했습니다.

04 개인 정보를 보호하기 위해서는 다른 사람이 쉽게 짐작할 수 없는 비밀번호를 사용해야 한다고 했으므로 (2)의 내용은 알맞지 않습니다.

05 그림 속 누리 소통망 사진에는 이름, 학교, 전화번호 등 개인 정보가 나타나 있으므로 사진을 올린 친구에게 해 줄 말로는 (2)의 내용이 알맞습니다.

06 글쓴이가 주장하는 내용과 그 근거에 따라 글의 내용을 요약해 봅니다.

| 어휘력 더하기 |

이름을 나타내는 말 온라인 활동과 관련 있는 말을 찾아봅니다.

틀리기 쉬운 말 (2)와 (4)에서 '함부러'는 '함부로'라고 써야 합니다.

1일 신기한 깃털로 장가간 총각   55-57쪽

어휘 알기

은인, 새끼, 소용없다

독해력 기르기

01 새

02 ㉯ → ㉰ → ㉮

03 (1)× (2)× (3)○

04 (3)○   **05** (1)○

06 ① 깃털 ② 오줌 ③ 결혼

어휘력 더하기

관용 표현 (1) 풀칠 (2) 배 (3) 거미줄
뜻이 여러 개인 말 (1) ① (2) ③ (3) ②

2일 소리가 들려요   59-61쪽

어휘 알기

범위, 현상, 전달

독해력 기르기

01 떨림

02 (2)○

03 공기, 귀

04 나   **05** (1)×

06 ① 떨릴 ② 공기 ③ 사람

어휘력 더하기

합쳐진 말 유리컵, 북소리, 쇠구슬
올바른 표기 (2)○ (3)○

| 독해력 기르기 |

01 총각이 쳐 놓은 새끼줄에 이상한 울음소리를 내는 새가 세 마리 걸려들었습니다.

02 ㉯ 총각은 새들에게서 깃털을 하나씩 뽑고는 놓아주었습니다. ㉰ 다음 날, 총각이 정승 딸이 오줌을 눈 자리에 새의 깃털을 꽂자 ㉮ 정승 딸이 걸을 때마다 새들의 울음소리가 났습니다.

03 정승이 딸의 병을 고치는 사람을 사위로 삼겠다는 방을 붙인 것은 아니고, 정승 딸이 걸을 때 나던 소리가 사라진 것은 총각이 땅에서 깃털을 뽑았기 때문이므로 (1)과 (2)의 내용은 알맞지 않습니다.

04 이어지는 내용에서 정승 딸이 걸을 때 다시 소리가 났다고 했으므로 (3)의 내용이 알맞습니다.

05 이 글은 이상한 울음소리를 내는 새의 깃털로 장가간 총각에 대한 이야기로, 글을 읽고 이야기의 내용을 소개한 것으로는 (1)의 내용이 알맞습니다.

06 일이 일어난 차례에 따라 글의 내용을 요약해 봅니다.

| 어휘력 더하기 |

관용 표현 빈 곳에 알맞은 말을 써넣어 가난과 관련한 관용 표현을 익혀 봅니다.

뜻이 여러 개인 말 '고치다'는 여러 가지 뜻으로 쓰입니다. (1)에서는 고장 나거나 못 쓰게 된 물건을 손질하여 제대로 되게 한다는 의미로, (2)에서는 잘못되거나 틀린 것을 바로잡는다는 의미로, (3)에서는 병을 낫게 한다는 의미로 쓰였습니다.

| 독해력 기르기 |

01 소리는 물체의 떨림이 다른 물질을 타고 퍼져 나가는 현상입니다.

02 소리는 공기 외에도 물, 나무 등 다양한 물질을 통해 전달되므로 (1)의 내용은 알맞지 않습니다.

03 북을 치면 북이 떨리고, 북 주위의 공기도 떨립니다. 이 공기의 떨림이 퍼져 나가 우리 귀에 닿으면 북소리를 들을 수 있습니다.

04 주어진 그림은 나무 책상의 한쪽 끝에 귀를 대고, 반대쪽 끝에서 두드리면 소리가 나무를 통해 전달되는 것을 보여 주는 실험입니다. 이와 관련한 내용이 나오는 문단은 나입니다.

05 곤충들이 위험을 알리거나 짝짓기를 하기 위해 소리를 낸다는 내용은 이 글에 나와 있지 않으므로 (1)이 알 수 없는 사실입니다.

06 소리가 생기고 전달되는 원리를 중심으로 글의 내용을 요약해 봅니다.

| 어휘력 더하기 |

합쳐진 말 유리로 만든 컵은 '유리'와 '컵'이 합쳐진 '유리컵'이고, 북을 칠 때 나는 소리는 '북'과 '소리'가 합쳐진 '북소리'이고, 쇠로 만든 구슬은 '쇠'와 '구슬'이 합쳐진 '쇠구슬'입니다.

올바른 표기 (1)에서 '숫가락'은 '숟가락'으로, (4)에서 '젖가락'은 '젓가락'으로 써야 합니다.

어휘 알기

수다, 야위다, 메아리

독해력 기르기

01 (2) ○

02 (3) ○

03 사랑   04 ③

05 재희

06 ① 수다 ② 끝 ③ 메아리

어휘력 더하기

뜻이 비슷한 말 (1) 마르다 (2) 냉정하게

헷갈리는 말 (1) 채 (2) 체

| 독해력 기르기 |

01 에코에게는 쉴 새 없이 수다를 떠는 버릇이 있었습니다.

02 주어진 내용의 결과로 일어난 일은 에코가 헤라 여신의 벌을 받아 남보다 먼저 말할 수 없고, 남이 한 말의 끝부분만 따라 하게 된 것입니다.

03 에코는 나르키소스를 보고 사랑에 빠졌지만 먼저 말을 할 수 없었기 때문에 나르키소스를 사랑하는 자신의 마음을 표현할 수 없어서 답답했습니다.

04 앞에서 나르키소스가 에코와 마주치면 못 본 체하거나 쌀쌀맞게 대했다는 내용을 통해 에코는 깊은 슬픔에 잠겼다는 것을 짐작할 수 있습니다.

05 이 글은 메아리의 유래에 관한 신화입니다. 메아리도 소음이 될 수 있다는 재희의 말은 이 글을 읽은 감상으로 알맞지 않습니다.

06 일이 일어난 차례에 따라 글의 내용을 요약해 봅니다.

| 어휘력 더하기 |

뜻이 비슷한 말 (1) '야위다'와 뜻이 비슷한 말은 '마르다', (2) '쌀쌀맞게'와 뜻이 비슷한 말은 '냉정하게'입니다.

헷갈리는 말 (1)에는 이미 있는 상태 그대로 있다는 뜻을 나타내는 '채'가 들어가야 알맞고 (2)에는 그럴듯하게 꾸미는 거짓 태도나 모양을 뜻하는 '체'가 들어가야 알맞습니다.

어휘 알기

차단, 안정, 구분

독해력 기르기

01 ②

02 (1)× (2)○ (3)○ (4)○

03 소음   04 (4)×

05 (1)○ (2)○

06 ① 음악 ② 불쾌 ③ 차단

어휘력 더하기

음(音)이 들어간 낱말 (음)성, 방(음), 고(음)

흉내 내는 말 (1) 사각사각 (2) 바삭바삭

| 독해력 기르기 |

01 이 글은 사람들이 좋아하는 소리와 싫어하는 소리에 대한 내용으로, 가장 중심이 되는 낱말은 '소리'입니다.

02 이 글에 사람들이 좋아하는 소리를 어떻게 만드는지에 대한 내용은 나오지 않으므로 (1)은 이 글을 읽고 답할 수 없는 질문입니다.

03 주어진 설명은 소음에 관한 것입니다.

04 (4) 음악 소리와 사람들이 이야기하는 소리가 적당히 들리는 카페에서 공부하는 것은 소음을 막기 위한 모습으로 볼 수 없습니다.

05 비상벨이나 자동차 경적은 그냥 들었을 때는 시끄럽고 불쾌감을 주는 소리일 수 있지만 화재가 발생했을 때, 도로에서 위험한 상황일 때 우리를 보호해 줄 수 있습니다.

06 사람들이 좋아하는 소리와 싫어하는 소리를 중심으로 글의 내용을 요약해 봅니다.

| 어휘력 더하기 |

음(音)이 들어간 낱말 '음성'은 사람의 목소리, '방음'은 소리가 나가거나 들어오지 못하게 막는 것, '고음'은 높은 소리를 뜻합니다.

흉내 내는 말 (1) 글씨를 쓸 때 나는 소리를 흉내 내는 말로는 '사각사각'이 알맞고 (2) 비스킷을 깨무는 소리를 흉내 내는 말로는 '바삭바삭'이 알맞습니다.

5일 귀 건강을 지켜요
71-73쪽

어휘 알기

증상, 적응, 유지

독해력 기르기

01 (1) ○　　02 수진
03 이어폰　　04 ①, ④
05 (2) ○
06 ① 난청 ② 소리

어휘력 더하기

낱말의 관계 늘다 ↔ 줄다, 잃다 ↔ 얻다, 시끄럽다 ↔ 조용하다, 적당하다 ≒ 알맞다
이어 주는 말 (1) 왜냐하면 (2) 그래서

| 독해력 기르기 |

01 글쓴이는 어린이 난청 환자가 늘고 있다는 점을 문제 상황으로 제시했습니다.
02 난청이 심하면 청력을 잃을 수도 있다고 했으므로 수진이의 말은 알맞지 않습니다.
03 전문가들은 최근 어린이 난청의 큰 원인으로 이어폰 사용을 꼽았다고 했습니다.
04 글쓴이는 귀를 건강하게 지키기 위해 이어폰 사용을 줄이고, 텔레비전이나 태블릿 등 사용하는 기기의 소리를 줄여야 한다고 했습니다.
05 이어폰을 사용할 때나 텔레비전, 태블릿 등의 기기를 사용할 때 소리 크기를 적당히 유지해야 한다고 했으므로 (1)은 글의 내용을 바르게 실천한 것으로 볼 수 없습니다.
06 문제 상황과 해결 방법에 따라 글의 내용을 요약해 봅니다.

| 어휘력 더하기 |

낱말의 관계 '늘다'와 '줄다', '잃다'와 '얻다', '시끄럽다'와 '조용하다'는 뜻이 서로 반대되는 말이고 '적당하다'와 '알맞다'는 뜻이 비슷한 말입니다.
이어 주는 말 (1)은 앞의 문장이 결과, 뒤의 문장이 원인이므로 '왜냐하면'이 들어가야 알맞습니다. (2)는 앞의 문장이 뒤에 오는 문장의 근거가 되므로 '그래서'가 들어가야 알맞습니다.

1일 세상을 만든 마고할미
77-79쪽

어휘 알기

기지개, 머쓱하다, 들썩이다

독해력 기르기

01 옛날 옛적
02 마고할미　　03 (1) ○ (3) ○
04 (1)-(나) (2)-(가) (3)-(라) (4)-(다)
05 (1) ○
06 ① 강 ② 섬 ③ 산

어휘력 더하기

뜻을 더하는 말 걸레(질), 부채(질)
흉내 내는 말 (1)-(나) (2)-(가)

| 독해력 기르기 |

01 이야기에서 일이 일어난 때를 시간적 배경이라고 하며 이것은 시간을 나타내는 말을 통해 알 수 있습니다. 이 글의 시간적 배경은 '옛날 옛적'입니다.
02 이 글의 중심 내용은 마고할미가 세상을 만든 것입니다.
03 글의 앞부분에서 마고할미는 몸집이 아주 크다고 했으므로 (2)는 이 글을 읽고 떠올릴 수 있는 장면으로 알맞지 않습니다.
04 마고할미가 잠에서 깨어나 기지개를 켜자 하늘과 땅이 생겨났고 오줌을 누자 강이 되어 흘러넘쳤습니다. 또 마고할미가 돌을 나르다가 바다에 떨어뜨리자 크고 작은 섬이 생겼고 물바다가 된 땅을 손가락으로 파자 산과 골짜기가 만들어졌습니다.
05 이 글은 세상을 만든 신에 대한 이야기입니다.
06 인물이 한 일과 그 결과에 따라 글의 내용을 요약해 봅니다.

| 어휘력 더하기 |

뜻을 더하는 말 '걸레'에 '-질'이 붙은 '걸레질'은 더러움이나 때를 걸레로 닦는 일을 뜻하고, '부채'에 '-질'이 붙은 '부채질'은 부채를 흔들어 바람을 일으키는 일을 뜻합니다.
흉내 내는 말 (1)에는 요란하게 코를 고는 소리인 '드르렁드르렁'이 들어가야 알맞고 (2)에는 큰 물체가 물에 자꾸 부딪치거나 잠기는 소리나 모양을 나타내는 '첨벙첨벙'이 들어가야 알맞습니다.

어휘 알기

탄생, 고유, 민족

독해력 기르기

01 신화   **02** (2) ○

03 (1) ○ (2) ✕

04 서진

05 (1) ○ (2) ○

06 ① 신 ② 상상 ③ 생각

어휘력 더하기

뜻이 여러 개인 말 (1) ② (2) ① (3) ③

올바른 표기 (1) 읽다 (2) 굵다 (3) 맑구나 (4) 삶 (5) 진흙

| 독해력 기르기 |

01 이 글은 신화에 대해 알려 주는 글입니다.

02 신화는 옛사람들이 자연 현상이나 조상을 신과 관련지어 상상하고 그것을 이야기로 만든 것입니다.

03 그리스 신화에서는 프로메테우스가 진흙으로 인간을 만들었다고 했으므로 (2)의 내용은 알맞지 않습니다.

04 이 글에서 말하는 신화의 가치를 생각해 볼 때, 동민이와 하영이는 글의 내용을 바르게 이해하지 못했다는 것을 알 수 있습니다.

05 이 글에서는 신화를 통해 조상들의 삶과 생각을 엿볼 수 있고, 민족만이 가진 고유의 특징을 알 수 있기 때문에 신화를 읽어야 한다고 했습니다.

06 신화의 뜻과 신화가 만들어진 배경, 신화의 내용과 가치를 중심으로 글의 내용을 요약해 봅니다.

| 어휘력 더하기 |

뜻이 여러 개인 말 '엿보다'는 여러 가지 뜻으로 쓰입니다. (1)에서는 나쁜 목적을 가지고 남의 것을 빼앗으려고 벼른다는 의미로, (2)에서는 남이 알아차리지 못하게 하여 대상을 살펴본다는 의미로, (3)에서는 어떤 사실을 바탕으로 실제 모양이나 상태를 미루어 안다는 의미로 쓰였습니다.

올바른 표기 (1)은 '읽다', (2)는 '굵다', (3)은 '맑구나', (4)는 '삶', (5)는 '진흙'이 올바른 표기입니다.

어휘 알기

절망, 간절히, 다스리다

독해력 기르기

01 이시스, 세트

02 (2) ○

03 ㉮ → ㉰ → ㉯ → (㉯)

04 (2) ○   **05** 윤후

06 ① 오시리스 ② 나무 ③ 이집트

어휘력 더하기

모양이 같은 말 (1) 배 (2) 바람

틀리기 쉬운 말 (1) 헤맸다 (2) 헤매고

| 독해력 기르기 |

01 오시리스와 부부 관계인 인물은 이시스, 형제 관계인 인물은 세트입니다.

02 세트는 오시리스를 없애고 왕이 되기 위해 음모를 꾸몄습니다. 오시리스가 관에 들어가게끔 한 뒤 관을 강물에 던져 버렸습니다.

03 오시리스가 갇힌 관은 비블로스의 강가로 떠내려갔고 얼마 후 ㉮ 관에서 나무가 자라나 줄기로 관을 덮어 버렸습니다. ㉰ 이시스가 비블로스의 왕에게 부탁해 관을 되찾아 이집트로 돌아왔는데 ㉯ 세트가 관을 발견하고 오시리스의 몸을 조각내 바람에 날려 버렸습니다. ㉯ 이시스는 오시리스의 조각난 몸을 되찾아 천으로 감쌌습니다.

04 이야기를 읽고 인물에 대해 비판하기 위해서는 인물이 처한 상황을 이해해야 합니다. 오시리스는 관에 갇혀 자신의 의지로는 아무것도 할 수 없는 상황이었으므로 (2)의 내용은 알맞지 않습니다.

05 이 글에서 세트의 잔인하고 폭력적인 모습을 볼 때 설아가 상상한 내용은 자연스럽지 않습니다.

06 일이 일어난 장소의 변화에 따라 글의 내용을 요약해 봅니다.

| 어휘력 더하기 |

모양이 같은 말 (1)에는 공통으로 '배'가 들어가야 알맞고 (2)에는 '바람'이 들어가야 알맞습니다.

틀리기 쉬운 말 '헤매다'를 '헤메다' 또는 '해메다' 등으로 쓰지 않도록 주의합니다.